区域经济视域下
应用型本科专业集群建设研究

蔡小平 著

江苏大学出版社
JIANGSU UNIVERSITY PRESS
镇 江

图书在版编目(CIP)数据

区域经济视域下应用型本科专业集群建设研究/蔡小平著. —镇江：江苏大学出版社,2017.12
ISBN 978-7-5684-0743-4

Ⅰ.①区… Ⅱ.①蔡… Ⅲ.①地方高校－本科－专业设置－研究 Ⅳ.①G642.302

中国版本图书馆 CIP 数据核字(2017)第 327143 号

区域经济视域下应用型本科专业集群建设研究
Quyu Jingji Shiyu Xia Yingyongxing Benke Zhuanye Jiqun Jianshe Yanjiu

著　　者/蔡小平
责任编辑/柳　艳
出版发行/江苏大学出版社
地　　址/江苏省镇江市梦溪园巷 30 号(邮编：212003)
电　　话/0511-84446464(传真)
网　　址/http://press.ujs.edu.cn
排　　版/镇江文苑制版印刷有限责任公司
印　　刷/虎彩印艺股份有限公司
开　　本/718 mm×1 000 mm　1/16
印　　张/11.75
字　　数/210 千字
版　　次/2017 年 12 月第 1 版　2017 年 12 月第 1 次印刷
书　　号/ISBN 978-7-5684-0743-4
定　　价/45.00 元

如有印装质量问题请与本社营销部联系(电话：0511-84440882)

◆ 前 言 ◆

高等院校是为社会培养和输送人才的重要基地。在科学技术不断发展，技术创新不断加速，社会竞争日趋激烈的形势下，人才培养与社会需求不相适应的矛盾日益突出。我国正处在转变发展方式、优化经济结构、转换增长动力的攻关期和重要战略发展机遇期。新的形势对教育提出了新的要求，迫切需要教育为落实主题主线提供更有力的人才支撑、智力支持和科技贡献；国家主体功能区建设和区域经济（regional economy）的快速发展，迫切需要提升教育服务当地经济社会发展的能力，打造教育特色和优势；迫切需要教育立足区域发展需求，调整教育结构、优化资源配置，促进教育自身的健康发展，服务经济社会发展的全局。

2015 年，国家出台《关于引导部分地方普通本科高校向应用型转变的指导意见》文件，要求地方本科院校转型必须做好“三个对接”，即对接区域资源、对接地方产业集群、对接地方企业技术人才需求，并进行特色专业集群建设。《江苏省中长期教育改革和发展规划纲要（2010—2020 年）》提出，优化区域布局结构，科学合理调整高校专业设置，发挥高水平大学的辐射牵引作用。从以上文件的内容来看，教育未来发展的大方向、大思路已经非常明确。但是，实现教育现代化的宏伟目标，仍有一系列深层次的问题需要解决，如教育与经济社会发展的新目标、新需求还不相适应，创新型、应用型、复合型人才比较紧缺；学校办学活力不足，特色发展的格局尚未形成；办学模式单一，人才培养同质化现象普遍存在；等等。破解这些难题需要在统筹谋划、系统设计的基础上，试点先行，协同推进。

本书主要针对江苏省的区域经济战略特征展开研究，紧扣地方本科院校转型思路，对接地方产业集群，优化应用型本科专业集群建设，突出了理论与实践相结合、横向比较与纵向比较相辅助、文献分析与典型案例剖析相补充的特色。与以往相关研究相比，在理论方面打破了表面化、经验性描述，突出成果的理论系统性和整体感；在研究手段和方法上，采取了理论分析与实证研究相结合的方法，融合并突出了具体的案例研究、比较研究，并进行了必要的定量研究。

著名经济学家库兹涅茨在现代经济增长理论中认为，思维方式的改变是影响现代经济增长的重要因素之一。区域经济背景下，江苏沿海地区要进一步增强的新动能包括绿色发展精神动能、新能源发展的支撑动能、绿色制造业的主要动能、盐土现代农业的基础动能、智慧城市和绿色村庄建设的待续动能、基础设施现代化的牵引动能、体制改革的关键动能，以及对接“一带一路”的外部动能等。增强新动能、整合资源、凝聚合力、提升实力，出人才、出精品，努力开创应用型本科专业集群建设工作的新局面。

目 录

第一章 导 论

20 世纪 90 年代以来，经济全球化与区域经济集团化成为世界经济发展的两大趋势。欧洲联盟、亚太经合组织和北美自由贸易区是当今世界三大区域经济合作组织。2015 年 10 月，由教育部、国家发改委、财政部联合印发的《关于引导部分地方普通本科高校向应用型转变的指导意见》要求“转型高校更好地与当地创新要素资源对接，与经济开发区、产业聚集区创新发展对接，与行业企业人才培养和技术创新需求对接”，“围绕产业链、创新链调整专业设置，形成特色专业集群”，地方普通本科高校应积极实施转型发展战略，加快融入区域经济社会发展。《江苏省中长期教育改革和发展规划纲要（2010—2020 年）》提出，“优化区域布局结构。将高校布局纳入经济社会发展规划，科学合理调整高校设置，使每个省辖市至少拥有一所普通本科高校和多所高职院校。发挥高水平大学的辐射牵引作用，加大‘985 工程’‘211 工程’高校和国家示范性高职院校对苏中、苏北高校和高职院校的对口支援力度。优化配置沿江沿海高等教育资源，增强服务沿江沿海开发和长三角一体化发展的能力”。江苏进入“十三五”发展的新时期，经济进入发展新常态，从“速度率先”向“质效领先”转变，从“强政府推动”向“市场推动”转变，从“江苏制造”向“江苏创造”转变。在经济新常态下，树立区域和全局的发展观，围绕优势产业和前沿性产业领域，实现区域经济协同发展。

地方高校要在推动地方经济发展中有所作为，在转型中就必须牢固树立服务地方的意识，改变跟风设置热门专业、短线专业的局面，厘清地方产业布局、调整专业设置，切实依据区域经济社会发展需求进行学科和专业建设，才能有效地为区域经济社会发展服务。高校是区域内最大的知识储存库，通过积累知识、分享知识、传播知识来推动社会发展。地方高校要想在高校间具有竞争力，必须坚持举地方旗、打地方牌、植根地方、办出特色。因此地方高校在转型发展的过程中要主动调整办学定位，亲地方、融地方，走出象牙塔，依托自己的“知识储存库”优势，为地方政府充当参谋助手，为区域经济社会发展的决策、规划发挥“智库”和“外脑”的作用。

区域经济视域下应用型本科专业集群建设正是在这种背景下提出的，是地方高校服务区域经济发展的一种全新设计。专业建设作为学校教育教学工作与社会需求紧密结合的桥梁与纽带，是学校与社会融合的交叉点，也是学校教学工作主动、灵活地适应社会需求的关键环节。应用型本科的专业建设是一项系统工程，是地方高校适应社会人才需求和引导社会人才消费的基本尺度，专业建设的好坏直接影响到地方高校的招生、学生的培养及毕业生的就业与创业，事关地方高校生存与发展的大计。在区域经济大发展的背景下，专业建设已由规模扩展转入内涵建设阶段，专业的集群化、集约化建设与发展成为解决目前专业建设所面临瓶颈问题的最佳途径。对于应用型本科高校而言，专业集群建设是学校整体水平和基本特色的集中体现，围绕专业集群建设，在人才培养和社会服务方面进行坚持不懈的积累，是学校发展的长期战略任务。对于整个区域的应用型本科高校教育改革与发展而言，对接本区域产业集群发展，按照区域产业经济发展对应用型人才层次、结构、规模、质量的需求，通过专业的集群化发展，创新区域应用型本科发展模式，将使应用型本科教育对于满足中国经济社会发展对高层次应用型人才需要及推进中国高等教育大众化进程起到积极的促进作用，为区域经济发展方式转变服务、为现代产业体系建设提供充足的、高质量的高级应用型专门人才的支撑，从而全面提升应用型本科服务区域经济的社会能力。

第一节　应用型本科专业集群建设的理论基础

开展专业集群建设是地方普通本科高校向应用型转变的基本要求。但是，对其内涵特征的科学认识及理论阐释落后于实践，实际工作中仍存在着肤浅与模糊认识。应用型本科专业集群建设有别于高职院校专业集群建设，既要强调必须深化区域产业的具体分析及提高人才培养的针对性，更要强调围绕产业链、创新链与专业之间的学科关联，培养适应新一轮科技革命与产业变革的高素质应用型人才。本书认为，要从引导力量、目标定位、结构特征、核心要素、组织机制五个方面形成专业集群建设机制，在理念共识、主导统筹、试点先行、治理改革四个方面推进建设。在共享师资、设备资源的基础上能够更好地促进成果转化，使得整体成果更上一层楼。除教育理论外，还必须有经济学理论作为支撑，如产业集群理论、人力资本与人力资源开发理论，以及高等教育与经济发展互动理论等。在概念溯源的基础上对相关理论进行阐述将有助于将应用型本科专业集群建设的研究推向深入，有助于跳出从教育看教育的窠臼，从其他学科领域的视角更深刻地揭示地方应用型本科自身发展规律和应用型本科专业服务区域经济发展的规律。

一、产业集群的相关理论及对区域经济的促进作用

（一）产业集群概念及其特征

“产业集群”一词来源于英文“industry cluster”，一般译为“产业集群”“产业簇群”或“产业群”等。产业集群理论是由美国哈佛商学院竞争战略和国际竞争领域研究权威学者迈克·波特（Michael E. Porter）在20世纪90年代创立的。1990年，迈克·波特在《国家竞争优势》一书中首先提出用“产业集群”一词对集群现象进行分析。根据波特对产业集群的定义，产业集群是指在某一特定区域内，大量产业联系密切的企业及相关支撑机构以一个主导产业或支柱产业为核心，依靠比较稳定的分工协作在空间上集聚，形成有竞争优势的群体。产业集群内企业与相关支撑机构包括相互关联的公司、供应商、关联产业和专业化的制度和协会。产业集群是一种介于纯市场和科层级组织之间的中间组织形式，是在一定区域内大量相关企业、支撑机构和服务组织在地理空间上的聚集而形成的经济形态。这些企业及其相应的支撑机构包括零部件、机器和服务等专业化投入的供应商和专业化基础设施的提供者，向下延伸至销售渠道和客户，并从侧面扩展到辅助性产品的制造商，以及与技能技术或投入相关的产业公司，提供专业化培训、教育、信息研究和技术支持的政府和其他机构等。这些相互关联的企业或机构通过专业分工，将产业链的各个环节有机地联系在一起，进而使产业链上下游的供应商、制造商形成一个优势互补的整体，达成一个产业的整体竞争优势。

产业集群使一大批企业共享同一区域公共设施、市场环境外部经济，降低了信息交流和物流成本，形成区域内资源的集聚效应、知识的创新效应、合作与竞争效应、区域品牌效应和互补效应，其主要特征是：

1. 集聚性

区域统一性与空间集聚性产业集群是对应于一定的区域而言的。集群

中的企业及其相应的支撑机构，如地方政府、金融机构、行业协会、教育培训机构等在特定的区域集聚，使其具有明显的区域统一性特征。同时，产业集群也是经济活动的一种空间集聚现象。地理上的邻近不仅有利于运输成本的节约，还便于企业间直接的交流、竞争及实时信息的传递。空间上产业的集聚是产业集群的外在表现形式，也是其首要的基本特征。

2. 创新性

创新是产业集群的核心特征。区域空间内的大部分企业基本围绕同一产业或若干紧密相关产业从事产品的研究、设计、开发、生产和销售等经营活动，产业和产品的主题都高度集中。这种高度集中带来了要素的高效优势结合，推动了产业快速创新，这种创新不仅体现在工艺与技术领域，更多的还体现在产业集群原体制机制建设方面，使创新成为产业集群发展进程中的核心特征。

3. 关联性

产业集群作为众多企业和机构的一种区域集聚现象，并不是指毫无关系的企业单纯在距离上拉近与空间集聚，而是指通过众多同一特定产业或具有直接上下游产业关联或具有其他密切联系的相关产业的专业化企业和机构集聚在一起。正是产业集群的关联性与专业化特征，才使得集群内企业之间、企业与支撑机构之间产生紧密的合作与竞争关系，减少了集群内企业间的不确定性，降低了集群内企业的交易费用，使区域实现了规模经济和范围经济。

4. 共享性

产业集群是一种产业网络体系。这种网络结构包括区域内企业与企业之间、企业与地方政府部门之间、企业与各种类型的中介服务组织之间，以及企业员工与员工之间的各种正式和非正式的协作关系网络。产业集群的网络化特征可以形成知识的“溢出效应”，促进新理念、新技术、新知识的共享与扩散。同时，在非正式的交流或合作中所形成的非正式网络能有效地促进知识的共享与扩散，推动人力资本和知识资本的社会化。因此，网络化与共享性对提高产业集群竞争力具有重要意义。

5. 竞争性

竞争和效益是产业集群动态发展的内在动力。中小企业集群发展的基本路径通常是自发起步，由当地一批精英带动，逐渐形成某种产业体系雏形，当达到一定规模时，政府部门给予支持与规划，特别是提供人才培训和公共基础设施建设等有效服务，持续培育并使其发展成长为区域内的企业集群，进而推动区域产业竞争力持续提升。同时，集群成员之间利用同一区域的空间优势、资源集中优势，建立起直接、低成本供需关系，实现采购本地化、资源配置效率最大化、成本最低化、供给稳定化，集合形成整个集群的成本优势。在降低企业采购和供应成本的同时，集群也大大便利了上下游企业之间的沟通互动，减少了流通环节，既为技术创新与企业间深度合作创造了优势条件，又能形成集群产品与服务的成本优势。竞争和成本优势决定产业集群中企业间关系和产业集群的变化，促进产业集群的管理创新、产业创新与技术创新，从而推动产业集群的竞争力不断提升。

6. 根植性

经济行为深深嵌入于社会关系之中，因此集群内企业不仅仅是地理上的靠近，更重要的是他们具有很强的本地联系。这种联系不仅是经济上的，还包括政治、社会、文化等各个方面，并且在一定的时间内是相对固定的。根植性从根本上突出了集群的竞争优势、生产活动的独特性及产品和服务特色性，这是产业地方化的重要标志。更重要的是，根植性强化了产业集群的距离依赖，从而使得产业集群的发展与区域内的经济、社会、政治、文化紧密地联系在一起。

（二）产业集群对于区域经济发展的促进作用

产业集群是在全球经济、技术、组织、社会等一系列结构变化的背景下产生的。它超越了一般的产业范围，形成特定地理范围内多个产业相互融合、众多类型机构相互联结的共生体，构成某一区域特色的竞争优势。产业集群的发展状况已经成为考察一个经济体，或者某个区域经济发展水平的重要指标。

1. 产业集群的集聚效应促进区域经济竞争力的提升

产业集群生成、发展的根本原因是产业的集聚能带来经济效应，促进区域竞争力的提升。产业集群实际上是利用分工专业化与交易便利性的优势把产业发展和区域经济结合起来，从而形成一种有效的生产组织方式，推动地方区域经济增长。首先，发展产业集群，可以提高区域生产效率。大量的中小企业集聚于一定区域，可以进一步加强区域内生产的分工和协作，提高交易效率。其次，发展产业集群，可以促进集群内新企业的快速衍生与成长。在集群内部，新企业可以获得更多的市场信息及人才支持。而且由于集群内部分工的不断细化，可以衍生出更多的新企业，从而进一步增强自身的竞争能力。

2. 产业集群是推动区域技术进步与创新的重要力量

创新是区域发展最根本的内在动力，而区域创新的主体是企业。产业集群的知识溢出效应将有效地促进区域产业的技术创新。产业集群内部关联企业之间，最容易产生专业知识、生产技能、市场信息等方面的累积效应，为企业提供了实现技术进步与创新的重要来源及所需要的物质基础，也将促使集群内的企业时刻保持创新的动力。此外，企业之间紧密的网络关系使得生产企业和机关机构之间更容易形成一个相互学习的整体，降低了学习成本，促进更多有创新价值的活动发生。

3. 产业集群是推动区域经济增长的重要方式

产业集群在企业和资源积聚的过程中必然带来空间内人口的快速集聚，使得城区规模扩大。产业集群的发展有利于区域产业布局的调整，促进产业结构升级，促进劳动力的城乡转移。产业集群的发展有利于区域产业布局的调整，加快产业结构升级和劳动力的城乡转移进程，产业集群的集聚效应带来的劳动力的空间集聚，必将提升区域的经济总量，拉动就业，增加税收。产业集群的集聚效应与溢出效应也会促进区域经济的扩散和渗透，促进区域经济增长。

二、应用型本科专业建设与区域经济发展互动理论

地方应用型普通本科高校的高等性、区域性、职业性、社会性等属性决定了应用型人才与区域经济发展有着不可分割的天然联系，具有极大的相关性。

（一）地方应用型普通本科高校人才对区域经济发展的推动作用

当前，人力资源已成为区域经济发展的决定性因素，而教育则是人力资本形成的重要途径。教育通过人力资本的投入，提高劳动生产率，促进科技进步，从而推动经济的发展。应用型本科教育在促进经济发展、科技发展方面有着其他各类教育所不具备的优势。一是可以为经济社会的发展提供大量的掌握先进生产技术的高素质、高水平的专门人才。区位优势理论认为，在市场经济条件下，企业一般要根据比较利益最大化原则，在综合比较各种区位因素后，选择一个优势区位去配置生产要素进行生产。根据这一理论，如果一个地区拥有比较发达的职业教育体系，能够培养出大量高素质的劳动者，就可以与区位的其他优势因素相配套，形成“软”“硬”兼备的区位优势，从而在市场竞争中获胜。应用型本科作为培养专业化应用型人才的高等教育，其实质就是一种专业化人力资本的积累。从这个意义上来说，地方应用型本科教育的发展为区域经济的发展提供了充分的人力资源保障，提高了生产效率，为社会创造了更多的物质财富，从而推动经济社会可持续发展。西方一些发达国家的发展经验已充分证明了工程师教育在推动经济发展过程中所发挥的重要作用。一般来说，当经济处于农业社会向工业社会的过渡时期，高等教育处于起步阶段，对经济发展的贡献并不明显。当经济发展过渡到工业社会，应用型本科教育进入快速发展时期，此时工程师对生产率的提高，对科技进步的贡献，对人力资源的开发及对经济结构的调整和转型都产生了积极而巨大的影响。而当经济发展进入知识经济时代，应用型本科教育也进入高水平、高质量的内涵发展阶段，此时对知识的创新和生产的作用以及对经济发展的贡献都是空前的。正因如此，《国家中长期教育改革和发展规划纲要（2010—2020年）》从经济社会发展全局出发，把发展工程师教育作为经济社会发展的重要基础和教育工作的战略重点。通过发展教育加快人力资源开发，促进就业，消除贫困，繁荣经济。

（二）区域经济对地方本科教育的制约与影响

1. 区域经济发展水平制约着区域内高等教育的规模和发展速度

无论是应用型本科教育规模的扩大，还是发展速度的加快，都需要有一定的人力、物力和财力作为保障，而这是以一定的经济能力为基础的。因此，总体而言，区域经济的发展状况直接影响地方本科教育发展的规模和速度，经济规模总量扩大会引起工程师教育规模的扩大，经济增长速度加快促进工程师教育发展的速度加快。对任何一个国家和地区而言，经济发展的好坏对就业率的影响尤为突出，也可以说就业率的高低是社会经济发展好坏的标志之一。当社会经济发展进入良性循环时，应用型、复合型人才能够满足社会需求，就业率、创业率就提升，社会为应用型本科人才提供充足的就业机会，地方本科高校教育发展规模从而扩大；如果就业率较低，个人收入状况不佳，应用型本科教育的规模将受到很大的制约。相比研究型本科教育，应用型本科教育对实验、实践条件要求高，尤其对工程实验、实践能力的要求也高，如果区域经济发展状况不良，再加上地理位置的限制，实验实训设备紧缺，师资来源困难，从而影响地方高校的发展规模和速度。因此，区域经济发展状况直接制约着地方应用型本科教育发展的规模和速度。

2. 区域产业结构与布局决定区域内应用型本科教育的专业结构、布局与层次

应用型本科教育在整个教育系统中的比例，以及专业结构、层次与布

局等，都必须与一定社会的生产力发展水平及与在此基础上形成的社会经济、产业结构相适应，经济结构的调整必然会带动地方普通本科高校结构的调整。否则，应用型本科教育将无法满足经济发展对高级专业人才的需求，甚至可能导致地方本科教育体系内部的比例失调，阻碍社会生产力的发展，还可能因为人才培养的结构不合理或相对过剩，造成应用型本科毕业生的结构性失业。

首先，社会生产的规模越大，工业化水平越高，社会对工程师的需求就越多，对应用型本科人才的需求也就越大。其次，区域性经济结构对应用型本科教育的专业结构有着重要的影响。社会经济具有一定的结构，其中最主要的是产业结构。农业、工业和服务业等不同产业对应用型人才需求的比例结构直接影响地方普通本科高校教育的专业结构。三大产业又分为不同的行业，每一行业又分为不同的职业和岗位。随着生产力的发展，社会分工进一步细化，一些旧的职业和岗位在消失，一些新的职业和岗位在涌现。应用型本科教育的专业结构需要不断地进行调整以适应社会生产分工的变化。再次，在社会生产中，对不同层次人才的需求是不同的。如在制造业中，对应用型科技人才的需求量是有差别的，这种差别直接影响应用型本科教育的专业结构。工程技术的更新和产业结构的调整，对应用型人才提出了新的要求，从而要求地方普通本科高校不断调整应用型人才培养的层次结构。

新兴产业的兴起，需要大量的优秀工程师和合格的科技人才；产业的调整引发人才和劳动者的流动，产生大量下岗、转岗人员；产业技术不断革新使现有在岗人员的能力不再适应新的变化。上述这些情况都要求应用型普通本科高校及时调整人才培养规格和专业结构，以适应社会生产变化的需求。

（三）地方普通本科高校的发展必须与区域经济发展相适应

应用型本科人才培养与区域经济发展之间的关系不是单向的，其相关性也并不是一成不变的。一般来说，经济发展水平越高，对应用型人才需求的拉动就大；反之，则发展的动力就会不足。因此，应用型本科高校与区域经济发展之间相互依存，密不可分，只有当二者间的关系处于一种相互协调、主动适应的发展状态时才能实现相互促进，形成一种良性的互动关系。一是应用型本科的发展与经济发展相协调，应用型科技人才的规模和发展速度与经济发展的规模和发展速度相适应，应用型本科办学水平、专业结构与产业、行业的人才的要求相适应，应用型人才培养质量与经济社会发展对人力资源的素质能力需求相适应；二是应用型教育的发展不但要满足当前经济与社会发展的需要，更应着眼于未来社会经济发展，要具有前瞻性，即要根据经济增长的需要及自身发展的规律，“适度超前”发展，只有这样，应用型本科教育才能充分发挥其经济效益，有力地助推区域经济社会的发展。

三、人力资本理论与人力资源开发

（一）人力资本理论

20世纪60年代，以美国芝加哥大学教授舒尔茨（Theodorew Schultz）为代表的西方经济学家完善并发展了沃尔什的思想，创立了人力资本理论，提出经济发展主要取决于人的质量，即人的素质是经济增长的决定因素。

舒尔茨的人力资本理论认为，人力资本是指凝聚在劳动者身上的知识、技能及其所表现出来的工作能力，是反映人的综合能力和素质的一种指标。它对生产起促进作用，是生产增长的主要因素，也是具有经济价值的一种资本。人力资本应包括量和质两个方面，一个社会中从事有用工作的人数及百分比、劳动时间，是量的方面，而人的技艺、知识、熟练程度与其他类似可以影响人从事生产性工作能力的东西，则是质的方面。对此，舒尔茨更加强调后者，认为它体现了人力资本的真正内涵。在现代社会，人力资本与物力资本相比较，对经济增长的作用比后者更大，这一点是现代经济发展中最突出的特征。有技术知识的人力和缺少技术知识的人力对经济发展的贡献所存在的差异性源于他们所受的教育和训练的不同，而这种不同又源于社会和个人对人力资源、教育和训练投资的不同。

教育是人力资本形成和发展的最主要途径，而地方普通本科高校培养高层次应用型人才，与经济发展具有直接和密切的关系。应用型普通本科高校发展规划与社会、经济发展规划紧密联系，是国民经济发展规划的重要内容。人力资本理论在应用型本科教育与经济增长贡献、社会发展之间建立起了直接的、全局性的关系，并由此直接推动了教育成本、教育投资、教育收益、应用型本科教育产业化及其对经济增长的贡献分析等理论的诞生。可以说，应用型人才教育对经济增长的贡献是人力资本理论在教育中的最直接体现。

（二）人力资源与人力资源开发

1. 人力资源

人力资源是第一资源。根据现代管理大师彼得·德鲁克的理论，人力资源是指存在于劳动力人口之中的从事经济及社会活动并能创造价值的能力。《中国教育百科全书·教育经济学卷》中对人力资源的界定是：一国或一地区公民的知识和技能、劳动人口、从业人数以及工作时间的综合。简单来说，人力资源包含着“量”与“质”两个层面，既可界定为具备从事经济及社会活动能力的劳动力人口，也可界定为人所具有的可以被管理者运用以创造价值的体力、智能与心力的总和及其形成的基础，包括蕴含在人体内的知识、技能、经验及品质素质等。它是各种生产力要素中最具有活力的部分，其所具有的特性主要表现在以下几个方面：

第一，人力资源是智力与体力的结合，具有主观能动性，具有不断开发的潜力，而人的体能与智力是人力资源的最基础性内容。

第二，人力资源具有两重性，即生产性和消费性。人力资源是可动员、可调配和可利用的，人通过自身所具有的劳动能力为社会创造价值，通过人力资本投资，提高人所具有的知识、技能与品质等。

第三，人力资源具有再生性，通过人口总体内各个个体的不断替换、更新和劳动力的“消费—生产—再消耗—再生产”的过程实现其再生。

第四，人力资源具有时代性，其数量、质量及人力资源素质的提高等都受到时代条件的制约。

2. *人力资源开发*

人力资源开发是指组织根据组织目标提供给员工的教育或学习的计划，系统地帮助员工更新知识、提高技能，并改变他们的态度和行为，从而提高人的才能，增强人的活力或积极性，提升组织绩效。人力资源开发是一种人力资本投资，通过开发来增强人在工作中的能力，才能充分、合理地利用人力资源，提高人力资源的利用率。提高人的才能是人力资源开发的基础。人的才能的高低，决定了人力资源存量的多寡。增强人的活力是人力资源开发的关键。

进入21世纪，随着知识经济时代的到来，人力资源的重要性日益凸显，一个国家、区域的经济发展能力很大程度上取决于劳动者的素质，取决于各类人才的质量和数量。因此，教育对人力资源的生成与发展起着决定性的作用，教育的发展是支撑和推动人力资源发展的根本途径。应用型本科教育是教育体系中的一个重要组成部分，与其他各类教育相比，应用型本科人才与区域经济社会发展具有更为紧密的联系，在开发人力资源、提高劳动者素质、实现人力资源优化配置等方面起着至关重要的作用。推进应用型本科教育的改革与发展是提高劳动者素质、加快人力资源开发必不可少的重要条件。

区域环境中人力资源的数量、质量及密集程度在很大程度上决定着产业结构及其发展水平，以及地区产业集群的类型。一般来说，与产业集群发展密切相关的人力资源类型是：企业家资源、高技能人力资源和普通劳动力资源。技能型人才是产业集群中不可或缺的要素资源，产业集群内的企业是这类人才的主要吸纳者，此类人力资源在某一区域的集聚将不断推进区域内的技术创新，并吸引更多的企业向此区域聚集，区域内的人力资源结构也是产业集群发展的重要基础。人力资源结构的调整与升级可以提高产业的劳动生产率，提高产业的经济增长率，为产业集群升级打下良好的经济基础，为经济可持续增长提供重要的人力资本竞争力。因此，人力资源的数量和质量及其结构直接决定着产业结构的优化、调整与升级的可实现性，人力资源结构是产业集群调整的重要基础与条件。

第二节　应用型本科专业集群建设现状

我国对专业集群的实践与研究始于高等职业教育，萌芽于20世纪90年代末期。据不完全统计，1994年以来公开发表的以专业群及专业集群为主题的学术论文有260余篇。从文献分析及实践看，虽然经过20多年发展，在高职院校层面上，专业集群建设的规范研究与实证研究还处于起步阶段。而对于应用型本科教育专业集群建设的研究成果主要集中于近3年，起到了极大的导向性作用。

一、关于应用型本科专业集群的理论研究与探索

对专业集群的关注、研究，标志着应用型本科教育由规模的迅速扩张转变为更注重集约化发展与内涵建设的阶段。对于应用型本科教育专业集群建设的相关理论研究主要集中于以下几个方面。

（一）关于应用型本科教育专业集群基本内涵的理论层面解读

什么是专业集群？在已有的研究成果中，许多学者均对此进行了阐述，并在某些方面已取得了共识。应用型本科专业集群的内涵，并不是简单地等同于专业目录、课程设置，而是一个包含教学资源、师资配备、实训体系在内的系统。随着对于专业集群研究的逐步深入，对专业集群建设内涵的认识也不断深化。从对于专业集群概念内涵的阐述来看，可概括为以下两种主要观点：第一种观点认为，专业集群将产业集群的内涵由经济领域延伸到教育领域，具体是指在一定区域内的教育机构间形成的具有相同或紧密相关专业技术基础的多个专业和学科的集合。这种集合是以专业集群

的核心专业为主，相关专业为辅，通过高校间及校企间在人才培养、专业设置、课程设计等方面不断的交流合作，培养出适应产业集群发展需要的复合型、实用型人才。第二种观点认为，专业集群是指由若干个专业技术基础相同或紧密相关，表现为具有共同的专业技术基础课程和基本技术能力要求，并能涵盖某一技术领域的专业组成的几个专业群。专业集群中各专业可以是同一专业大类中的专业，也可以是不同专业大类中的专业。专业集群应紧密对接产业链，服务区域经济社会发展，为区域产业集群发展提供有力的人力资源支撑。综上所述，从总体上看，专业集群建设的现有相关研究深度不够，研究系统性、全面性不足，还没有进入教育理论界或管理者主流意识领域，还缺乏必要的学理规范。存在的问题主要有：第一，直观化。从字面上的集群来理解专业集群，就是简单地将专业组合在一起，不强调目的，不界定内涵，不辨析特征，不能深刻认识专业集群建设的目的与内涵特征。第二，平面化。将集群内各专业之间的关系平铺展开，不分层次，不分重点，不分核心，不能从结构功能角度去认识集群内各专业的地位与作用。第三，表层化。对专业集群建设的关键要素没有深入剖析，没有深入到课程改革与实践能力提升这两个核心要素。存在这些问题的主要原因在于：一是缺乏基本定义及内涵特征分析，尤其区域视域下应用型普通本科高校专业集群建设与学科发展关系这一点未得到关注；二是众多实践未能上升到理论层面，未能深刻把握发展规律，仅凭着感觉与直观概念开展研究与探索，缺乏学理支持，实践经验的借鉴意义不足。

（二）关于专业集群组建的方法与途径的探讨

专业集群组建的方法与路径很大程度上取决于对专业集群概念内涵本身的认识与理解，理论层面关于这方面内容的探讨仅有有限的一些研究成果，如吴仁华《应用型本科高校专业集群建设探究》等。不管什么类型的专业集群结构都要有核心专业作为主导，不同的是集群内其他专业的关联节点不同。轮轴式代表的是集群内各专业都围绕核心专业。链带式代表的是集群内以核心专业为龙头，其他专业依据产业链结构在上下游布局。根据产业链构建专业集群但并不代表围绕链式产业集群构建专业集群只有链式集群一种。不同结构特征的专业集群建设路径与策略不同，需要进行区别对待。应用型本科教育的专业与行业、产业就产生了必然的联系。按学科构筑专业群的大学专业传统发展模式难以适应产业转型升级的新要求，同样仅以职业为导向构筑专业集群也无法适应现代技术发展所提出的对高素质应用型人才培养的新要求。由此，各位学者对于这种逻辑关系的阐释主要包括了以下几种观点：

1. 围绕产业链构建专业集群

吴章荣认为，改造传统专业结构，进行应用型专业集群发展和特色建设，是地方普通本科高校向应用型转变的重点任务。多数地方本科高校在升本初期就确定沿袭“精英教育”时期专业建设的老路，专业结构的调整很少关注地方社会经济的发展，在“大众化”高等教育时代，传统的专业结构已经无法满足经济社会发展的需要，尤其是不适应区域经济社会发展的需要。在谋求向应用型转变的过程中，要主动以专业链对接区域产业链，专业群对接区域产业群，以专业与产业高度融合的思路进行学科专业体系的改造和建设。按照应用型人才培养对专业建设的要求，进一步凝练与区域行业、产业链对接的专业集群，重点建设一批服务产业链的专业集群，通过实现专业资源共享、示范辐射带动整个专业集群的建设水平。重点围绕地方行业产业发展，打造服务地方经济社会建设的特色专业集群，瞄准产业发展趋势和产业对人才的需求，相应地优化调整专业（方向），加快推进传统专业向应用型专业转变，建立专业动态调整和退出机制，逐步提高优势特色专业的集中度。

2. 围绕产业集群构建专业集群

张杰认为，专业集群是指由一系列拥有相同技术基础、基础课程设置和能力要求的专业群体。具有一批相互依存、相互促进的不同类型和特色的专业，是专业集群得以存在的基础。产业集群也依赖于一系列相互依存、相互共生的产业要素，才能发挥规模经济的效益。因此，实现专业集群和产业集群的对接需要保证专业集群的专业类型与产业集群的产业类型对口匹配。产业集群的形成和发展需要一系列的专业技术人才，专业类型对口匹配的人才无疑为产业集群提供了智力支持和人才保证。这就要求发挥积极的政府职能，促使高校专业集群的专业类型设置要符合产业格局的要求，依据产业集群的产业布局来规划专业集群的专业类型设置。

3. 围绕学科基础构建学科专业集群

关丽梅认为，以优势学科为核心构建学科专业群要充分利用专业间互为带动的关联性，发挥专业群的聚集与扩散效应，形成“专而精”的学科专业核心，在一个大的框架内使原有专业围绕核心专业获得更强的生命力。学科专业群的构建应该建立在对地方经济和对产业需求情况进行充分调研、分析的基础上，根据传统支柱产业升级、新兴产业发展、重点产业优先的要求及学校现有专业基本情况来规划学科专业群；以专业方向适应社会行业人才需求的变化为方式，通过核心学科专业的带动、引领和整合，围绕区域产业链和岗位群加快推进应用型学科专业集群建设。以核心专业为骨干，以核心课程群、核心技能群、师资群为基础，打造主干特色专业，渐进衍生开发周边学科专业来实现学科专业群的整体发展。集中力量办好一批与区域经济结构匹配度较高的应用型重点学科和特色专业，建设若干有一定办学优势和特色的、具有良好发展前景和产生显著社会经济效益的学科专业群，促进学科专业交叉融合，实现学科专业群与区域产业链的紧密对接，提升学科专业集群服务经济社会发展的贡献度和学科专业竞争力。针对第三种组建方式，部分学者提出了异议。吴仁华认为，地方本科教育的某些专业之间虽然具有一定的学科基础，但如果立足于学科基础构建专业集群，有可能无法脱离学科教育的窠臼，重蹈学术教育的覆辙。他们认为，除了面向不同行业领域的岗位群和不同经济领域的产业链来组建专业集群之外，还可以面向不同行业领域的行业业态构建专业集群，即按照某个行业领域出现的新的业态的变化来构建专业集群，可以更快地适应行业发展的需要。地方高校应根据自身的实际条件，紧紧围绕区域或行业的产业发展目标，特别是岗位群或产业链，整合专业资源，以对应支柱产业的重点专业建设为龙头，以对应相关产业与支柱产业相关领域专业为支持，形成专业集群，并按照专业集群的战略要求配置专业资源，使每所学校都形成自己的专业特色与优势，从而提高人才培养质量，提升学校的核心竞争力。

在组建专业集群路径方面，也有许多学者认为，首先要合理构建专业框架，即要根据并依托所处的社会环境、地理环境、经济环境和地方高校自身所具有的办学基础条件，结合广泛、深入的市场调研，从战略的高度考虑专业框架的构建。其次要实施实训设备配套建设，如果只组建专业群，而没有相应的实验室、实训室、实训基地与之相配套，专业集群的优势也就不再存在，也就失去了专业集群建设的实际价值。专业集群和实训体系互为依存、相互彰显，缺一不可。再次要不断优化师资队伍结构，师资队伍建设是专业集群建设中的一项重要性内容，在专业集群建设的过程中，应按照专业教学的要求，调整师资队伍的知识、能力结构，以高素质的师资队伍支撑专业集群建设。最后深化校地校企合作，学校与地方企业合作，就是将学校教育与企业资源进行整合。整合中双方将各自内部无法单独产生但是又极为缺乏的资源进行交换，取长补短，使得双方都能获得各自所需，实现互利互赢。地方本科院校要加强和当地企业的深度合作，共同建设出完善的、关联性的专业集群。综合诸多学者的研究成果，我们认为，在地方院校专业集群组建方法与路径的选择上，无论是以横向、纵向，还是横向与纵向兼顾的方式，都应根据所依托的区域经济社会发展状况、产业结构升级与调整状况、地方院校专业的比较优势，以及专业自身的特点来决定，而不能一概而论。关键问题是要始终瞄准推进专业集群建设的终极目标，即有利于提高人才培养的质量，有利于更好地为区域经济社会发展提供人力与智力保障。

(三) 关于专业集群建设的目的与意义

专业集群建设对于地方院校具有重要的意义。吴仁华认为，专业集群建设是形成地方本科院校核心竞争力的重要途径。他指出，专业集群建设有利于形成应用型本科专业群体优势，增强区域适应性；有利于形成实践教学优势，降低实训建设成本；有利于形成师资队伍优势，增强专业竞争力；有利于形成特色和品牌优势，提高学校知名度。绝大多数学者对此均表示赞同，综合起来，专业集群建设的目的与意义主要集中于以下四个方面：

1. 有利于现有资源的优化整合与共享

专业集群的资源整合功能有利于节约办学成本。实验实训基地和师资队伍是地方院校重要而又非常紧缺的两大资源。如果专业设置过于分散，一方面会相应造成资源力量的分散，加大地方普通本科院校在这两大资源上的压力，另一方面也容易带来资源重置等问题。而专业集群建设使得地方院校的经费投入由分散到集中，有的放矢地投放资金，力求效益最大化，实训基地建设和师资队伍建设投入的成本能明显降低；由于专业集群内教师相对集中，有利于对教师的学历结构、年龄结构和专业结构进行合理配置和整体优化。因此，从专业集群的角度出发考虑专业设置，易于在实训基地、师资队伍等方面实现资源共享，提高实验实训设备的利用率，节约实习实训成本，促进群内不同专业的教师之间相互交流、相互学习、相互提高，进而促进师资队伍建设。

2. 有利于增强专业设置的灵活性

随着我国产业结构的不断调整，新的行业、新的岗位群不断涌现，地方院校的专业设置也需要不断更新，淘汰老专业，开设新专业。如果不进行专业集群建设，一味地追逐热门专业，则专业过于分散，形不成合力，会导致两种后果：一是旧专业惨遭淘汰，易造成教学资源的浪费；二是专业拓展基础薄弱，难以推出新专业，导致人才培养滞后。而专业集群集聚了相关专业的师资、实训等多方面的办学基础与优势，具有滚动发展的功能，其发展可以依靠原有专业基础和实训条件灵活调整专业方向，或不断往相近或相关的专业拓展，专业设置的灵活性和适应性由此得到增强，以更好地适应市场的变化。

3. 有利于发挥专业集群的典型示范辐射功能

专业群建设思想强调以重点专业或核心专业为龙头，“龙头”专业一般都发展时间较长，各方面的教学条件较完善，有着丰富的专业建设经验与成果。在建设专业集群过程中，由于各专业建设目标相对一致和实训设备的投入相对集中，在较短的时期内就能整合师资、实训、科研、课程等多方面资源，它们所形成的合力能加快重点专业及品牌专业的建设，从而辐射带动集群内专业共同发展、共同提高，达到专业建设整体水平提高之目的。

地方普通本科院校的存在意义在于为地方及地方产业培养更多的专业应用型人才，以更好地为当地服务，促进经济产业建设发展。就业率与人才培养质量体现了地方普通本科院校的本质与品牌，专业集群的建设使专业学科与地方产业形成了共同的目标，汇聚了各方面的优势，提升了地方本科院校的品牌。教师在教学中是不可或缺的重要角色。专业集群建设不仅为学校与当地企业搭建了平台，同时也为学校教师和企业专业技术骨干搭建起共同学习的桥梁。这种互动交流能为地方普通本科院校培养出优秀的教师队伍，提升了师资力量水平，从而进一步提升了地方普通本科院校的品牌内涵。专业集群建设将地方普通本科院校与当地产业需求紧密相连，建设互动共享的资源平台，实现校企校地深度融合，使教育智力优势主动融入区域社会经济发展，发挥资源集成优势，推进科技成果转化和技术转移，为地方社会的产业经济发展提供高质量的人才保障，有利于提升就业率，促进企业与当地的产业技术进步和经济发展。

二、国外应用型本科专业集群建设现状

发达国家并没有把建设应用型本科教育专业集群服务于产业集群作为重要的高等教育发展政策，他们认为应用型本科教育为产业发展服务是自然而然的，专业集群是按照高等教育专业发展规律和产业发展规律自然形成的。因此，国外围绕应用型本科教育专业集群建设服务于产业集群发展的研究比较少，且多不是在“专业集群建设”这个名义下由某一个部门单独完成。一般而言，产业集聚现象在工业发达国家表现更明显，集聚为生产资源和信息的分配、流通和使用提供了便利，形成了规模效应，提高了

生产力，促进了区域经济发展水平的快速提高，提高了区域及国家的竞争力，也可以说是发达国家经济迅速发展的原因之一。与此同时，产业集聚使各生产部门对相似或相同生产链上岗位的合格人才产生了集中性或关联性需求。地方普通本科院校根据产业发展的需求进行人才培养，与产业发展形成了有效的对接。如澳大利亚强化宏观调控、管理和引导，德国重视市场和政府的双重调节，美国构建覆盖全社会的职业教育网络，等等。

德国信息科技大学校长斯特凡·斯坦（Stefan Stein）同时也是一个银行家，在研究中比较关注中小企业融资、风险管理和银行法规等具体细节。当他被德国信息科技大学理事会全票选举为校长和首席执行官之后，也致力于增加学生和企业的接触。

“我们让企业家成为学校的教师，因为他们最清楚企业需要什么样的人才。”斯特凡·斯坦说，这些企业家教师会让学生参与企业的“实战”，例如设计一个进入新市场领域的运作方案。这种让学生直接参与真实的市场活动的教学实践，可以帮助学生更好地掌握日后工作需要的真实知识和技能。

除此之外，与世界其他大学的远程教育合作也是德国信息科技大学的一个教学创新。斯特凡·斯坦说，通过网络视频，与其他学校共同组织讲座、研讨，学生可以在教室实时参与国际性的讨论。同时，他还表示，大学教育应该将学生带出校园，创造更多机会，使学生增加对世界文化的理解和感受。

作为以信息工程为主的应用型高校，美国国际科技大学在师资方面也大胆创新。据该大学校长格雷格·奥布莱恩（Gregory O'Brien）介绍，教师都是拥有博士学位的专业人士，同时他们也有自己创建的科技公司。正是这些教师，将实时更新的信息技术及时带入课堂。此外，这里的学生也都在自己相关专业领域的公司兼职，有3/4的学生在苹果、谷歌等跨国科技企业工作。

（一）德国双元制模式

德国双元制应用型人才培养模式，即企业和学校共同承担人才培养的任务，按企业对人才的要求组织教学和岗位培训。整个培训过程在企业和国家的职业学校进行，又以企业培训为主，企业中的实践和在职业学校中的理论教学密切结合。在德国经济部和教育文化部的统一组织下制定培训条例，由行业协会、工会、教师三方代表共同拟定用于职业培训的标准和各项具体要求，充分反映产业现实和发展的需要。在培训的组织方式上企业进行实际操作方面的培训，学校完成相应的理论知识培训，企业与学校两方面共同完成对学生的培训工作。

双元制教学模式在培训过程中十分重视学生技能、技巧的培训。理论和实践之比约为3：7或2：8。同时，理论教育注重实用性，并紧密与实践相联系，服从实践需要。课程设计和课程开发以服务区域内企业、事业单位的职业需求为依据，更符合教育规律。

专业设置强调属地性原则。在德国，专业设置以职业分析为前提，以国家承认和认可的培训职业为依据。特别强调适应经济和企业发展需要，突出针对性，宽窄并存，宽窄复合，专业宽口径、多方向的特点。由教育界、企业界、科学界人士共同组成专业委员会，分析社会各职业的内在联系，按行业门类对职业进行评价分析和分类，归纳出职业群，一个职业群对应一个专业，即“培训职业”。不同地区学校专业设置有明确的区域性，即“属地性原则”。

德国的职业分析是由德国教育部系统的联邦职业教育研究所实施的，德国劳动总署系统的劳动市场与职业研究所负责支持与协作。国家统一发布标准的培训职业（专业）目录及相应标准，一般包括三部分：第一部分是培训领域；第二部分包括专业形式、专业名称、培训年限、工作领域、专业结构、职业资格；第三部分是培训内容。学校在此基础上根据自己的资源和生源情况提出专业设置方案，由行业部门或政府部门批准后实施。为了适应职业的变化状况，德国政府每隔一段时间对培训职业（专业）进行重新界定，剔除消失的传统职业，设置新兴和交叉的职业，与社会经济发展动态相适应。

（二）美国和加拿大的“合作教育”模式

“合作教育”模式在国外有超过100年的历史，最早是1903年英国开创的“三明治”模式，1906年美国人将这种模式本土化，并称其为合作教育。合作教育是指学校作为教育活动主办方、学生作为用人单位的雇员、用人单位作为雇主，三方合作。其实质是将课堂上的学习与真实的工作结合起来。这和我国高校的实习是不同的，和我们的模拟训练或实训也不一样。学生是十分重要的合作方，因为合作教育的目的是培养人才。学生与用人单位是雇员与雇主的关系，学生是在完全真实的社会环境中经受磨炼，有利于他们综合素质的提高。

历届美国政府均视教育为立国之本和人才培养的关键，并把发展教育作为国家的战略重点，相继通过了多部教育法案，呼吁全社会为未来储备高素质的人才资源。美国政府高度重视职业教育和继续教育，通过整合大学、社区学院、各类产业再培训中心等教育资源，建立了一个覆盖全社会的职业教育网络，并促进各个机构之间的沟通，根据各产业技术发展的需要适时调整课程体系与培训方式，使教育培训与实际应用相结合。

（三）澳大利亚技术与继续教育模式

以澳大利亚为代表的人才培养模式，是一种国家框架体系下以产业为推动力量的，政府、行业与学校相结合，以学生为中心进行灵活办学，与中学和大学进行有效衔接，相对独立的、多层次的综合性人才培养模式。在国家层面上，设立了国家职业培训局，对澳大利亚宏观经济发展与劳动力市场的需求变化进行战略性分析，从事国家职业教育与培训的战略规划，组织行业企业参与职业教育。在地区层面上，各州都成立了行业咨询组织，其主要职能是联系企业，协调政府和行业的关系，为政府提供企业需求信息，把政府政策传递给企业。在学校层面上一般都设有董事会，吸收企业界人士参与，对学校的专业和人才培养提出建议。国家培训局通过对澳大利亚宏观经济发展与劳动力市场的需求变化进行战略分析，预测未来劳动力市场的需求变化，引导澳大利亚全国职业教育与培训的大方向，保证职业教育和培训体系满足产业界和国家发展的需要。行业培训咨询委员会由行业、商业及劳动部门的代表组成，主要职责是参加国家职业教育与培训体系的规划，进行国家行业标准的开发。所有学院的院一级董事会是学院的最高权力机构，董事会主席和绝大部分董事会成员都来自企业，是各行各业的第一线资深专家，董事会每季度开一次会，对学院的办学规模、基建计划、教育产品开发、人事安排、经费筹划等进行研究并做出决策。它具有完善的校内实习、实训基地，实践教学环节较好，实训条件充足，技术先进。十分注重学生动手能力的培养，教室就是实验室，学习环境与工作环境融为一体，边讲边练。这种安排，方便了学生的实习和实践，提高了教育效率和学生掌握知识和技能的速度。教师实践经验丰富，全部是从有实践经验的专业技术人员中招聘，受过大学教育专业和相关专业的培训，还需要定期去企业进行专业行业实践。教育专家委员会履行教育研究并向学院提供教学忠告和咨询，进行专业设置和课程设计，并对教学效果进行评价。目前，澳大利亚应用型本科发展的一个重要趋势是设置综合专业。有些专业跨越学科体系，将生产职能与工艺过程相近的传统工种重新组合成新的工种，大大拓宽了应用型本科教育的专业覆盖面。

三、国外应用技术型高校专业集群建设模式

依托较为优质的职业教育资源，以专业为纽带，以培养符合产业界要求的人才为目的，通过各种形式、多元主体的联盟，借助规模效应、资源优化、品牌效应和对口效应，从而实现人才培养的高质量和集约化，同时使得联盟各方利益共赢，共同发展。从发达国家职业教育集团化办学的实践来看，主要有两种模式：第一种模式由行业/企业主导，其联盟关系实际上是部门和部门的合作，关系紧密；第二种模式由政府主导，其联盟关系相对而言比较松散。

（一）行业/企业主导型

该模式主要是由行业或企业牵头，职业教育集团运作核心是企业或行业。荷兰鹿特丹航运中心集团属于企业主导型模式的典型代表。该集团是专门为航运、港口、运输、物流链及海港石油和化工等行业提供服务的全球供应商，同时集教育、培训、研究、顾问于一体，是以提升集团综合实力为核心目的的一体化教育培训研究机构。集团由学校、培训中心、企业及研究中心等几大部分组成，下设有航运学院和荷兰鹿特丹海事大学、控股公司、辅助模拟器应用研究中心、海事人力资源私人有限公司及STC驻越南和韩国分中心等。它由董事会管理，以连锁投资形式将各种资源有机地连接起来，并以品牌、师资、管理模式、教育理念为纽带，形成自身的经营运行机制。集团办学依据航运方面的专业特色，集合专业相同或接近的学校和企业，依托行业优势，整合资源，做出品牌。办学层次包括职前教育，也包括在职教育；既包括中等教育，又涉及高等教育，本科生甚至硕士研究生的培养都涵盖其中，如航运学院提供职前教育和中等职业教育；荷兰鹿特丹海事大学与鹿特丹大学合作，为学员提供为期4年的专业教育，并能授予海事操作学士学位。同时，它还培养海运硕士。该集团是典型的“企业主导型”职业教育专业集群建设模式。

（二）政府主导型

政府主导型是由政府牵头，整合区域内的教育资源，组织职业教育集团。运用比较广泛的是校际联盟模式。在校际联盟模式下，联盟内的学校都是相对独立的，都有各自具体明确的目标，联盟的主要目的是提高学校的核心竞争力，拓展合作空间。校际联盟的各方按规定可以审时度势，退出联盟或邀请新的联盟伙伴加入。校际联盟是自发的，是学校经营上的联合战略，是一种较为松散的关系网络，联盟因合作项目的需要而结合，又因项目的完成而解散，组织形式灵活，在竞争中也便捷高效。

1. 荷兰农业教育中心的校际联盟

亦名荷兰农业教育中心理事会，是由12个从事绿色教育的农业教育中心联合起来而组成的一个独立行业组织，致力于维护农业教育中心旗下所有学校的共同利益。理事会同时也是农业教育中心领导层、管理层及员工交换信息、互相支持并且就重要的议题交换看法的平台，并负责全国农业教育中心的公关事务。理事会主要任务是制定政策、维护公共关系、推行改革并实施联合项目等，每年运行经费由12个农业教育中心提供。理事会同时也是荷兰整个农业教育网络中的一部分，与大学及其研究中心、农业教师培训学校、农业实用培训中心、农业知识中心、农业学习材料出版社等保持密切联系。目前这12个农业教育中心共有6万多名学生，开设课程主要包括作物生产、花卉生产、牲畜养殖、动物养护和兽医学、养马业和马术运动、食品科技、环境管理、经济与管理等，所有课程都以英文授课。

2. 美国高校的校际联盟

进入20世纪80年代以后，美国经济的不景气对社区学院的影响很大，美国社区学院进入了大规模的调整与改革时期，措施之一就是建立社区学院校际联盟，通过制定整体的发展规划和战略目标，进行全方位的资源共享。从校际联盟模式上看，包括垂直式合作模式、水平式合作模式、混合式合作模式三种。垂直式合作模式既有社区学院与四年制大学的联盟这种垂直向上的合作模式，也有社区学院和中学的垂直向下的联盟模式。社区学院与四年制大学的联盟内容包括学分互认及资源共享。社区学院和中学的合作中，社区学院主要承担中学教师培训、为美国中学生提供从中学到大学的衔接，并为当地社区学生提供补偿教育。例如，莱恩社区学院与当地高中的联盟合作，更多的是把中学教育与社区学院的教育课程结合起来。水平式合作模式是社区学院与社区学院的合作模式，联盟学院共同致力于为所在社区提供高质量的教育服务。混合式合作模式是指区域性大学与区域性社区学院的共同体模式。如俄亥俄州的格兰德河大学（University of Rio Grande）和格兰德河社区学院（Rio Grande Community College）的联盟。这种模式中的联盟学校几乎是一个生命共同体。两校采取联合招生政策、联合财政支持政策、联合营销、联合管理，以及全面衔接的转学课程。美国社区学院校际联盟各成员具有各自管理的独立性，在课程设置、日常管理、学校招生等方面都有各自不同的分工。这种分工合作关系不仅使各种学校将拥有的优势结合起来，改变了过去相互排斥、分散的局面，而且加大了系统之间的相互渗透，避免了资源的重复浪费，为社区学院的各联盟学校高效运作提供了充分的发展空间。

四、国内区域经济下地方高校专业集群建设模式

应用型本科教育专业集群建设实质是职业教育资源的整合活动。随着现代产业体系的建立与完善，支撑与服务产业集群经济的人力资源开发体系也在逐渐发展完善，职业教育领域的改革在不断深入。国内一些产业经济发达地区基于集群化发展的理念不断探索着对接产业集群的技能型人才培养模式、培养体系等，并创造性地开展了有借鉴意义的实践活动，包括与校企专业共建合作、学科专业集群产学研联盟、产业校企联盟等。在区域统筹建设的同时，一些地方高校从自身面临的大形势、大环境出发，发挥本校的骨干专业优势，辐射相关专业，进行专业集群的建设，在专业集群的公共课程开发、实训基地建设、师资培养等方面进行了丰富的实践。

（一）江苏省的校企合作专业共建

教育转型和改革对高校是一个巨大的挑战。最主要的困难有三个方面：首先，从根本来讲，大学运作规律与企业运作方式差异很大，大学环境无论从体制建设、课程设置和教师编制上都需要全方面改革，这是一项巨大的工程；其次，大学内在教学力量、师资力量和研发力量严重不足，有些大学教师缺乏企业经验，实际项目能力需要提高；再次，大学对接企业真实需求需要付出巨大努力。江苏省教育厅高教处正式批复江苏省内共有六所高校的八个专业与达内集团进行软件服务外包类专业的嵌入式人才培养合作，在推进教学改革、优化课程体系、强化实训实习、加强老师队伍建设等方面进行深入合作。

近几年来，大学生毕业人数屡创新高，2014 年更是突破 700 万人。而同时国内大量企业面临招工难的局面，很多技术技能型岗位招不到人。很多大学生毕业之后，不得不到职业技术学校再学习。造成上述现象的很大部分原因与高校人才培养模式有关，高校毕业生走入社会，知识陈旧，缺乏相应的实践能力，与企业需求相悖。中国解决就业结构型矛盾的核心是教育改革。应该说，教育部高校转型改革方向是非常明确的，也是非常正确的，对高校、大学生和整个社会都有很大的好处。

达内集团是以中关村科技园区为依托的工厂培训集团。从 2005 年开始与大学进行教育改革与转型尝试，相继与 500 多所大学开展工作，在助力大学向技术型发展、学生向职业化培养方面有非常丰富的经验。此次与江苏 6 所高校的合作，包括淮海工学院、淮阴工学院、江苏师范大学、无锡太湖学院、扬州大学、中国矿业大学徐海学院在内的 6 所高校，除江苏师范大学

之前与达内集团有专业共建合作之外，其余5所院校均是首次与达内集团展开专业共建方面的合作。达内集团与高校合建的专业课程体系，建立在企业所要求的知识结构基础上，确保学生得到足够的校内外实训、实习时间，强化实践能力、工程能力、实用外语能力和综合素质的培养，利用达内集团的先进课程模块，嵌入专业课程体系，实现优势互补。在实训实习上，建设实训实习基地，为学生实训和顶岗实习提供良好的条件和环境。按照企业规范进行工程化培训和项目训练，使学生在熟练掌握软件工程化开发的同时，以最短的时间融入企业的开发项目团队中去。此外，达内集团还积极组织讲师参与高校人才培养计划制定、实训指导、专业课程教学等工作，让高校老师定期得到企业实践和项目内容培训的机会。

对高校来说，与达内进行合作可以引进国际一流企业，进行产学合作、工学结合的人才培养改革与探索，不但优化了学校现有的课程体系，丰富了实战案例与课程内容，而且增强高等院校计算机相关学科教学实力，弥补缺乏应用性、实战性及更新的不足。达内集团以自己拥有的国际国内技术专家、工程师作为实战师资的补充，可以大幅度增加传统高校教师实践教学的实际操作经验。经过培训后，高校可以提高学生专业对口就业率，提升学生的就业层次及薪资水平，获得满意的学生就业率与就业质量，从而提高学校的品牌影响力与综合影响力。

对学生的益处也是相当明显：学生可以通过达内平台，学习国际顶尖的IT技术，全面提高软件开发技术方面的动手能力，提升技术应用能力与工程能力，而且能够获得跟随企业实战工程师进行项目短训的难得机会，获得国际国内的权威认证证书，学生毕业不再是失业，而是成功实现从校园到企业的无缝高薪就业，走出踏入社会的坚定脚步。

达内的校企合作鼓励在校生参加实训课程，从而提高学生就业质量，如果学生从大三开始进入实训课程，到大四毕业就可以顺利签约了。随着大学教育改革推进，校企合作共建专业，共建课程方向，共享师资，联合培养人才成为高校改革的一种潮流。校企合作是对高校教育改革有效的尝试，经过多年的探索，已经成为一条快速让学生掌握技能、适应社会需求、零距离对接企业岗位的便捷通道，取得了高校、学生和企业三方受益，多方共赢的显著效果。

（二）浙江省的学科产学研联盟

以实施建筑规划设计学科“一流学科建设计划”为契机，浙江大学建筑规划设计学科产学研联盟通过建立开放、联动、国际化、产业化的协同机制，实现建筑规划设计学科的创新链与产业链互融和集聚化发展，旨在把建筑规划设计学科打造成为面向国际前沿、面向国家与区域新型城镇化战略需要的学科与科技共同体，形成人才培养特色鲜明、具有较大国际影响的一流学科群和设计产业群。

产学研联盟的成立是浙江大学发展建设一流大学的需要。联盟的建立不仅为人才培养和学科发展提供了重要的机遇，还为浙江大学更好地为社会服务搭建了更广阔的平台。浙江大学圆正控股集团有限公司董事长胡征宇对见证这次新产学研模式的诞生表示荣幸，他希望这个全新的平台能更好地助力支持科研教学，提升学科在国际上的知名度。建筑与规划学科发展基金理事会理事长董丹申对产学研联盟建立的未来充满了期待。他认为，学科强企业才能更强，而学科发展的关键是人的凝聚力。拓展国际学术前沿、实现学科独立性发展承载着几代浙大人的梦想，而产学研的团结合作是一次富有创新精神的部署，也是一条振兴业界的新道路。

浙江省教育厅厅长刘希平表示，产学研联盟中心的建立，不仅有利于为地方转型升级提供支持，也有利于扩大高校影响力，助推高校教师获得科研项目和成果转化，增加学生实践、实训和就业机会。为鼓励青年教师深入园区交流，助推科研创新和成果转化，浙江省教育厅将在评奖评优中优先考虑这类教师。高校的各类科技资源也将探索以市场化方式向企业开放。根据相关计划，浙江省教育厅将立足于主动服务创新驱动战略，与全省各地产业集聚区合作，组织高校陆续建成 10 个以上产学研联盟中心。目前，浙江省高校产学研联盟委员会已正式成立。

据悉，2008 年以来，浙江省教育厅已先后与台州、杭州下沙、金华等地合作，建立浙江高校产学研联盟中心工作站。5 年多来，仅台州中心就有 15 所高校与企业签订横向合同 1 500 余项，与企业合作获得发明专利 213 项、签订知识产权转让许可合同 91 项，为企业人才培训 16 885 人次、培养工程硕士数 297 人、卓越工程师数 18 人。

浙江省各地紧密结合区域经济特点，大力发展与当地支柱产业、新兴产业密切相关的专业，并积极改造传统专业，专业结构得到明显优化。与当地支柱产业紧密结合的有杭州市西湖区开设的旅游服务与管理（茶文化）专业、绍兴县开设的染整与纺织技术专业、台州市黄岩区开设的模具设计与制造专业、苍南县开设的印刷技术专业、东阳市开设的建筑专业等；传统产业如龙泉市开设的陶瓷制作技术专业、青田县开设的石雕工艺专业、东阳市的木雕专业等；新兴产业如衢州市开设的光伏技术专业、海宁市开设的太阳能利用专业等。这些专业的建设借助服务区域经济的优势，有力地促进了当地经济的发展，适应了浙江产业结构调整的要求。

（三）辽宁省的校企联盟

新时期校企联盟建设既面临着机遇，又面临着挑战。辽宁省教育厅将积极汇总联盟建设问题，统筹制定实施联盟建设长效机制，划拨联盟建设专项经费，提高校企联盟建设积极性和整体质量。

一是要进一步厘清校企联盟建设的总体思路，打破学校间、校企间的壁垒，以新发展理念为引领，打造具备优势特色的品牌校企联盟。二是要扎实谋划和做好 2018 年校企联盟的重点工作，主动依托辽宁省委、省政府“五大区域”的战略部署。三是要创新体制机制，实现联盟建设新突破。

校企联盟建设是推进教育供给侧结构性改革的重要抓手，是促进供需双侧人才链、创新链、产业链深度融合，提升人才、科技供给质量和水平的重要举措，是创新人才培养机制，改革科研组织模式，促进高中等学校毕业生高质量、高水平就业创业的有效途径，是高等学校绩效考核的重要指标。各高中等学校是校企联盟建设的重要主体，要充分提高认识，发挥主动性和创造性，采取有效措施，层层传导压力，层层压实责任，积极主动出击，加快推进建设。各校企联盟牵头高校要切实履行职责，带领和推动校企联盟又好又快发展。

推进校企对口合作育人。依托辽宁省服务平台，建立全省按学校、分学科、分专业校企合作育人对接台账，采集、发布学校分学科，专业与企业在实习实训、共建课程、人员互聘、职业培训等方面合作情况。各高中等学校要根据学科专业特点及人才培养定位，通过建立对接台账，认真梳理各学科专业校企对口合作育人情况，总结成功经验，查找薄弱环节，分析问题原因，提出解决方案，进一步明确办学定位和人才培养定位，促进学科专业调整优化，创新人才培养体制机制，加快转型创新发展步伐。各校企联盟要积极组织成立相关专家委员会，研究制定专业人才培养标准，推动学校修订人才培养方案。

组建辽宁省功能材料产业校企联盟，是有效推进教育供给侧结构性改革，有力推动校企深度融合与协同发展，切实提升人才、科技供给质量和水平的重要举措，对于提高功能材料行业人才培养质量，推动辽宁老工业基地振兴具有重要意义。作为牵头单位，沈阳工业大学将认真落实省委、省政府和省教育厅、省工业和信息化委员会的安排部署，踏踏实实地肩负起职责，严格遵守章程的各项规定，认真谋划联盟发展之策，搭建好合作交流平台，充分发挥联盟各成员单位的人才、技术和资源优势，密切配合、加强协作、共谋发展，深化高等教育供给侧结构性改革，积极主动与行业企业开展全方位、多领域的战略合作。

第三节　国内外应用型本科专业集群建设的经验与启示

从发达国家及我国经济发达地区的经验来看，要保障应用型本科教育的规模、结构和人才培养规格与经济发展的需求相协调，一方面必须充分发挥政府作用，在制度层面、组织机构和具体策略上加强对职业教育的宏观管理和引导；另一方面要充分发挥地方院校的主体作用，提高对专业集群建设的认识，将专业集群建设提升到地区经济社会发展的高度，以优势专业建设为基础，带动一批相关专业建设。

一、政府层面

（一）把职业教育纳入区域经济社会发展总体规划

职业教育是进行人力资源开发的重要手段，是促进就业政策的重要部分。如德国、澳大利亚等国都把发展职业教育作为促进经济发展的秘密武器，作为促进区域经济社会发展的重要力量。目前，江苏省职业教育还是以政府主导型为主，因此各级政府要切实履行职责，要“把职业教育纳入经济社会发展和产业发展规划，促使职业教育规模、专业设置与经济社会发展需求相适应。各级政府应加强对职业教育工作的领导，把职业教育纳入经济社会发展和产业发展规划，列入政府工作重要议事日程，及时解决职业教育改革发展中的困难和问题，制定切实有力的政策措施，在全省范围内促进职业教育的整体发展”。发展职业教育就是发展经济，发展经济必须重视职业教育。产业集群的发展、成熟离不开其服务平台的建设，应用技能型人才的充足供应是提高区域经济竞争力的重要保障。

（二）根据区域经济社会发展和产业布局统筹专业集群建设

专业集群化建设的提出，一个重要的客观原因是近年来我国现代产业体系不断成熟，产业不断升级，产业链不断延伸，产业关联度不断提高，产业集群大量形成。而职业教育必须面向区域、面向产业发展，这是职业教育专业建设朝着集群化方向发展的根本依据，也是专业实施集群化建设的根本动力。还有高等教育规模扩张，办学资源相对短缺，内涵建设投入不足，分散的投入效果一直不明显也是原因之一。开展集群、集成式建设，能够最大化使用建设资金，有效地降低成本、提高效益。这是国家首先在高职院校开展专业集群化建设的重要客观原因之一。可以说，是现代产业集群发展促动了职业教育专业集群化建设任务的提出和开展。江苏省的校企合作专业共建、浙江省的学科产学研联盟、辽宁省的校企合作联盟都是当地政府为了促进当地特色产业发展，对接当地产业集群而重点发展的技能型人才培养基地。在这些组织形式中，职业教育协调发展，形成梯度差异的应用技能型人才结构。地方政府在进行当地产业发展规划时，将为之配套的应用技能型人才供应基地建设提到议事日程，在进行工业园区建设的同时配套建设与之对接的职业教育园区，促进了产业集群的成熟发展。

（三）制定行业、企业参与职业教育的法律法规

德国双元制的职业教育的实质是以企业为主体的现代企业徒工制度，企业承担了职业教育的大部分经费和主要责任。在英国和澳大利亚，行业组织、企业也深度参与职业教育。1996 年，我国颁布的《职业教育法》明确规定行业组织和企业、事业组织应当依法履行实施职业教育的义务，2002 年教育部、国家经贸委、劳动保障部又联合发文，提出要充分依靠行业和企业发展职业技术教育培训，充分发挥其在职业技术教育培训中的作用，也先后提出落实企业合理分担职业教育办学经费的相关政策，采取税收优惠等措施，鼓励企业为职业院校学生提供更多的实习岗位，支持行业企业参与职业教育办学和技能型人才培养。与欧美发达国家相比，我国企业参与职业教育的程度不高，这主要是因为我国目前还缺乏企业参与职业教育的主动意识和制度环境。由于职业教育投入周期长、见效慢，所以很多企业认为参与职业教育只会增加成本，很难获得收益，从而不愿过多投入。同时，我国虽然有了要求企业参与职业教育的政策导向，却没有建立配套的机制引导企业主动参与。辽宁省作为工业大省，在企业参与职业教育方面有着优良传统，工业产业集群建设已经纳入“十二五”规划，成为实施辽宁省三大经济战略的重要保障。因此，为产业集群建设提供技能型人才支持的职业教育必须有行业企业的真正参与，政府应该尽快出台校企合作促进条例，明确企业参与职业教育的责任与义务，建立配套的政策机制，制定和落实税收减免、资金支持等方面的优惠政策，推进校企合作的长效机制建设，推动职业教育与区域经济协调发展。

（四）建立科学合理的职业教育专业设置与调整运行机制

在我国当前市场经济背景下，政府应将职业院校的设立、发展及专业布局调整纳入地区产业集群发展的总体规划，“突出产业特色”，密切联系

地区产业、企业的现状和发展方向，努力把地方院校专业设置、教学及科研活动深入对接，强化与本地区企业的交流与合作，从严控制重复开办专业，及时调整不适应的专业，积极创办产业集群紧缺的新专业，为产业集群的当前和长远需求而培养人才，实现“专业群对接产业群、人才群直通企业群”。地方高校申报新专业报市级发改委备案，地方政府参与高校专业建设统筹，根据当地经济社会发展和国家新专业目录，建议高校调整专业设置。

首先，地方高校的专业设置结构要与社会就业结构相协调，如应用型普通本科高校（包含继续教育）所学专业的三次产业分布要与所在区域社会就业结构中三次产业的比例大体相当；其次，专业大类的毕业生规模应当与相关行业对应用技能型人才的需求大体平衡；再次，各个专业的毕业生数量要与就业岗位的专业需求基本对口。强化品牌专业意识，选择一批基础条件好、特色鲜明、办学水平和就业率高的专业进行重点建设，优先支持在工学结合等方面优势突出的专业。省级教育行政部门应继续推进高等教育品牌专业建设工作，同时应对首批遴选出的专业加大宣传力度，提高全社会对应用型本科人才的认可度，提高地方院校的品牌意识和服务意识。加强对应用型本科院校的分类指导，督促学校根据本校的性质和定位，结合本校的现实条件、发展目标、毕业生就业现状和人才市场需求，按照产业结构调整的现实需要和未来发展趋势，论证制订中长期专业建设规划，对现有的专业结构进行深层次的改造和整合，增强专业结构调整的前瞻性，提高专业设置的针对性，加大人才培养的适应性。地方院校逐步建立起以就业为导向的自我发展、自我约束、自我管理的专业设置与调整运行的新机制。

（五）建立高层次应用型人才培养与就业市场的互动机制

以企业为主进行职业教育的国家，如德国，行业企业的用人需求能够直观地反映到招生上；以职业学校为主开展职业教育的国家，通过在职业院校设立相关机构定期对所在地区的行业企业进行人才需求调研，以优化调整学校的专业结构和招生数量，培养“适销对路”的人才。目前我们国家的一些地方院校仍延续传统的内部管理体制，缺乏密切关注就业市场变化的专门机构。地方院校有必要通过集团化办学等途径，尽快完善相关体制机制，深入研究地区产业结构的调整、行业企业需求，及时调整专业设置与人才培养方案。也可以依托相关部门或有能力承办的学校，建立区域应用型本科教育专业信息资源库，定期公布专业设置、专业布点、专业招生、学生就业等情况，及时提供区域经济、科技、产业发展对各专业人才的需求信息，为各校专业设置和调整工作提供权威、及时、全面、有效的服务。

（六）加强引导，建立校企资源共享集团化发展机制

校企合作是应用型本科教育专业集群建设的主要平台。各产业集群发达省市，都注重调动企业投入应用型人才培养的积极性，以政策、资金投入等方式引导推动校企合作解决设备、师资和实训环境等地方院校办学的关键问题。例如，依托企业或园区企业建立大型职业教育实训基地，推进产学研合作项目；鼓励产业集群的企业接受学生到企业顶岗实习；组织地方工科院校和产业集群的中介组织共同研制学校的课程标准、学生的技能标准；把产业集群区域内某一生产流水线、设计院等设施建在地方院校，实现资源共享，提高资源利用率等。借鉴各省市的实践经验，结合江苏省的实际，今后无论是开展应用型本科专业集群建设，还是加大职业教育改革创新力度，都应该加强市场运作和社会资源整合。在此过程中，政府部门应通过创设环境、搭建平台、制定政策、提供信息服务等，引导地方院校面向市场，创新机制，社会化、集团化、市场化办学。利用政策杠杆和市场机制，鼓励行业之间、区域之间、公私之间、学校和企业之间打破界限，共享资源，提高规模效益和整体效益，形成分工协作、相互促进、良性互动、集团化发展机制。

教育部成立中国应用技术大学（学院）联盟，江苏有 7 所高校入选，并已举办 7 期地方高校转型发展专题研讨班，研讨如何培养产业发展最急需的人才，同时要面向新兴战略产业、面向现代农业、面向中国制造 2025 培训急需的人才。学校也要改变智力结构，吸收社会人才、企业人才，使得学校更及时适应社会发展。培养适应地方经济社会发展所急需的应用技术型人才也是高校转型成功之路。国内外实践经验表明，能满足地方经济社会发展需求，能够很好服务地方经济社会发展的高校是能够走上高水平大学发展之路的。

江苏省教育厅组织“地方高校转型发展与新工科建设”研讨会，会议主题是，以新工科建设为契机，助推地方高校转型发展。面对经济转型升级特别是新经济革命的趋势、机遇和挑战，江苏高校要主动把握需求和趋势，积极推动高等教育供给侧结构性改革。在相关政策的科学引导下，统计数据显示，目前，江苏省的高校院所已有 3 200 多个学科团队与 2 180 家省内企业进行了对接，建立各类“校企联盟”1 876 个，有力地推进了当地

经济社会和当地工业产业集群的发展。

（七）促进中职、高职、应用型本科教育一体化发展

据需求导向的原则，随着产业集群的兴起、发展与产业技术的更新升级要求，贯通中、高、本渠道，优化职业教育资源，增大应用型人才培养的教育合力。分段培养项目有：中职与普通本科“3+4”项目；高职与普通本科“3+2”项目。实行这些方案，逐步建立应用型本科教育的中、高等教育并举，学历与非学历并行、全日制与非全日制并存，适应不同产业、不同岗位需求的系统性开放式职业教育体系。因此，应用型本科教育对应产业集群按专业集群进行建设和整合，客观上要求中职、高职、应用型本科教育一体化开展，有利于形成高等教育系统性建设，可以成为职业教育体系建设的一条主线。

二、学校层面

（一）高度重视服务区域经济社会发展

适应经济社会发展需要，大力开展专业群建设，有利于形成专业群体优势，协调好专业稳定性与适应市场变化之间的关系；有利于深层次的校企合作，形成技能型人才培养优势；有利于形成实践教学优势和资源共享，减少实训设施重复建设和设备闲置，降低实训建设成本；有利于形成特色、品牌优势和规模效应，增强应用技术型人才的社会吸引力；也有利于在我国的市场经济规律和政策框架下，探索我国应用型本科教育办学特色。无论是江苏省、辽宁省的地方院校，还是浙江省、河南省的地方院校，有代表性地开展专业集群建设的学校无一不是将专业和专业集群建设置于当地经济社会发展的背景之中，无一不是以服务当地各经济产业发展为目的。广西科技大学鹿山学院汽车专业集群、机械专业集群、建筑专业集群、电子信息专业集群及公共服务与文化产业专业集群建设，面向柳东新区汽车、机电、电子、生物、创意、物流的产业集群培养应用技术型人才。武汉东湖学院从产业关联视角对现有专业进行优化整合，通过重点建设，形成电子信息类、装备制造类、生物化工类、管理经营类、新闻传播类、艺术设计类六大专业集群。河北保定学院对接保定主导产业链，打造汽车服务专业集群、现代物流专业集群、区域生态专业集群、文化艺术专业集群、教师教育专业集群。河北工程技术学院将学科专业与区域产业链对接，构建建筑及装饰设计、工程施工与管理、商贸流通服务及移动通信4个专业集群。江苏省常熟市产业集群的发展，对高素质人才提出了巨大的需求，已形成服装、服饰、高分子新材料、无纺设备及无纺布、汽车零配件、玻璃

模具、货架等六产业集聚区，作为地方本科高校的常熟理工学院积极进行转型发展，对接产业集群建设特色专业群。

（二）以骨干专业建设作为专业集群建设的基础

国内发达地区专业集群建设的模式基本相同，都是以建设某一符合地区优势产业发展需要的专业为基础，带动相关专业发展，形成专业集群。专业群建设关系到地方院校专业布局和办学特色的形成，对于地方院校的长远发展将产生重大影响。专业群建设不能脱离应用型本科高校赖以生存与发展的客观环境和自身的具体条件。一所学校不可能把所有专业都办成特色专业，必须发展优势专业，努力在几个专业群上办出特色，提升学校的品牌优势。要从学校所处的行业背景、区位优势出发，根据自身所具有的办学基础条件，逐步建立起若干个专业集群，特别是将专业集群中的核心专业作为建设的重点，将这些核心专业建设成为精品专业，带动整个专业集群的发展。同时，专业集群建设是一个逐步发展的过程。要从行业和社会发展的实际需求出发，结合学校拓展新专业的可能性，逐步推出新的专业方向或相近、相关的新专业，构建起一个以重点建设专业为龙头，相关专业为支撑的独具特色的专业体系。

（三）重视专业集群的内涵建设

专业集群建设的内容一般包括人才培养模式改革、课程建设、师资队伍建设、校内外实训基地建设、加强校企合作等。这些因素都是专业建设和持续发展的重要因素，专业建设的质量受到这几大因素的制约。专业群“龙头”专业的质量影响专业群建设的总体质量。专业群的工作模式是建立共享的课程平台、师资队伍和实训场所，实现群内各专业的信息和资源共享，促进专业集群建设总体质量的提升。

第四节　应用型本科专业集群的内涵与特征

从专业集群建设的外部保障来说，需要强化专业集群建设的外在条件支持。一是政府建立校政行企多方协同合作机制、信息反馈机制；二是教育主管部门开展专业集群专题研究立项，设立专业集群建设专项，以研究引领，以项目推进；三是给予地方高校更多的专业设置自主权，适当增加专业集群内新增专业招生计划，在人才引进等方面予以政策倾斜，引导地方高校进一步明确专业集群建设布局、发展目标、建设属性、建设投入等；四是建立基于产业集群要求并兼顾学科属性的效益导向评价标准、指标体系，从其产业和学科专业结合程度、校企合作深度等方面考察应用型高校，引导地方本科高校提高专业集群对地方经济社会发展的契合度、参与度与贡献度。

一、应用型本科专业集群的内涵

（一）相关概念的界定

1. 应用型本科教育

应用型本科教育是以本科教育为主，面向区域经济社会，以学科为依托，以应用型专业教育为基础，以社会人才需求为导向，培养高层次应用型人才，以培养知识、能力和素质全面而协调发展，面向生产、建设、管理、服务一线的高级应用型人才为目标定位的高等教育。

应用型本科教育，在办学理念、办学思路、办学定位上要体现传统继承性、独特性和差异性；在学科专业建设、课程设置、教学过程中体现出探索性、研究性和理论性；在人才培养、基础研究的结果上体现出高端性、多样性和创新性；在服务社会、应用研究的成效上体现出有效性、及时性和优势性。

应用型本科教育，要坚持“四个突出”，即突出基础、突出特色、突出应用、突出技术。这“四个突出”既相互独立，又相辅相成。应围绕学生需求与培养、教师发展与服务，定“性”在行业，定“向”在应用，定“格”在特色。以学生学习与发展为本，构建订单式应用型人才培养模式；以教师的发展与服务立校，提升师资队伍水平；以转变管理理念为基础，提高管理团队的服务能力；以建设特色学科专业平台为核心，满足行业应用需求；以完善体制机制为保障，实现可持续跨越发展。

2. 专业

作为教育学的基本概念，专业是指高等学校或中等专业学校根据社会分工的需要设立的学业类别。中国高等学校和中等专业学校，根据国家建设需要和学校性质设置各种专业。各专业都有独立的教学计划，以体现本专业的培养目标和要求。这是一种比较完整的描述性的定义，说明了专业划分的依据，指出专业是一种学业类别。对于本科教育来说，其“专业”的内涵与职业教育中“专业”的内涵有着本质上的区别。职业教育中的“专业”主要是按职业技术分工与职业岗位群对专门人才的要求而设置，强调职业性、技术性，强调综合能力的培养，同时也注意基础性和就业的适应性，并不强调专业知识的完整性、系统性及理论性，这是由职业教育的本质特性所决定的。而普通高等教育中“专业”主要依据学科分类、社会发展和工作领域而划分，更侧重于学科分类的学术性，且趋向于拓宽专业面，向综合性发展。

3. 专业群

专业群就是以一个或多个办学实力强、就业率高的重点建设专业作为核心专业，由若干个工程对象相同、技术领域相近或专业学科基础相近的相关专业组成的一个集合。

第一，专业群内的专业往往是围绕某一行业设置形成的一类专业。各专业具有相同的工程对象和相近的技术领域。反映在教学上就是各专业可以在一个体系中完成实训任务，在实验实训设施、设备上也必然有大量的设备是共用的，有相当一部分实验实训项目是共同的，这对高职学校实训基地建设有着重要的意义。

第二，专业群内的专业是学校长期办学过程中，依托某一学科基础较强的专业逐步发展形成的一类专业，各专业具有相同的学科基础。因此必然有相同的专业理论基础课程，相应地，师资队伍必然有很大一部分是共同的，必然形成师资队伍专业团队，形成良好的师资队伍环境。

第三，专业群建设体现的是一种“群”化的概念和集约化的思想，对于院校而言，即打破内部院系间的隔阂，通过对院校内部资源，包括课程、教师队伍、实训基地等的有效整合，节约办学成本，提高办学效益。

第四，专业群建设旨在通过对接区域产业的发展，优化调整院校内部专业结构与专业配置，提高人才培养质量，进而提高院校为区域经济社会发展服务的能力。

4. 专业集群

专业集群便是指以某一产业技术、核心专业为主，具有共同主干课程和相近实训项目，结合产业上下游供应发展链条，围绕核心服务和主干专业，以专业互补和专业互促形式形成的校内或校际若干专业群体。①

一是按照“核心产业—相关产业—附加产业”的“产业链”思路，形成骨干专业和相关专业有机联系的专业集群；

二是按照“关键岗位—次要岗位—边缘岗位”的“岗位群”思路，构建与岗位群对应的主次分明、相互支撑的专业集群。

专业集群是对应产业集群上同一产业链、创新链的岗位（群）需求，按照群落状建设的原则，以与主干学科关联度高的核心专业（优势、特色

① 朱中伟：《新常态下地方应用型院校专业集群建设》，《教育与职业》，2017年第1期。

专业）为龙头，充分融合若干个学科基础、工程对象与技术领域相同或相近的、具有内在关联的若干专业的有机集合。

其一，专业集群不是若干专业的拼凑与堆砌，不是一群“形聚神离”的专业，而是与产业集群紧密对接、与产业链上若干个职业岗位或岗位群具有较高契合性和对应性的、存在内在密切联系的专业组合。

其二，专业集群的设置不是多多益善，不限于一院（二级学院）一群，数量宜少而集约，可以一院一群，也可以多院一群，需要根据产业结构、学科基础、专业现状与发展可能来决定专业集群的数量与规模；也不必（实际上也不可能）对接区域所有产业集群，可以有所为有所不为，有选择地构建专业集群。

其三，专业集群不是将学校所有专业都列入集群，试图囊括学校所有专业，有些专业可以入群成群，有些专业也可以独立存在。专业集群可以着力打造与区域行业产业对接紧密的重点、特色学科专业，实现“有限卓越”。

其四，专业集群不是一个无序的学术存在形态，不能“群龙无首”“各自为政”，需要充分赋予并发挥“群主”在专业集群建设中的核心和导向作用；也不能“无根无据”“飘移不定”，地方高校既可以“依核建群”，即构建围绕基于核心专业的相关联专业组成专业集群，也可以“以链成群”，即构建基于产业链需求的专业链，由专业链上的若干专业形成专业集群。

其五，专业集群不是一夜建成或短时间内速成的，需要通过“重点建设＋逐步培育”的策略推进，是一个渐进建构的过程；专业集群不是一成不变的，也没有固定不变的模式，需要学校根据产业需求和学科专业实际，不断补链、延链、强链，在建设过程中调整和优化，是一个动态建构的过程。

其六，专业集群不是高校自编自导、自娱自乐的独角戏，需要学校确立“他方视角”“以他方为中心”的思维，克服仅限于学校视角或限于学校需要与利益的观念，主动考虑行业产业等校外因素对专业及专业集群建设的影响。

（二）应用型本科专业集群的基本内涵

区域经济下的应用型本科教育专业集群概念的界定是借鉴产业集群理论与职业教育专业建设等相关理论而形成的，它是指区域本科教育专业集群化发展的一种模式，是指在某一特定区域中，在政府对区域应用型本科教育发展的宏观统筹、调控、规划与引导下，以区域内的某一特色或优势主导产业或支柱产业集群为服务对象，紧密围绕区域产业集群经济发展而形成的以区域内一所或若干所重点建设的地方本科院校的品牌特色专业和专业群为核心，形成相关专业与专业群在空间上的集聚。其宗旨是提高素质应用型人才的培养质量，同时实现人才培养与培训的规模化与集约化，形成在该专业领域人才培养的规模化、专业化优势，推动区域职业教育的协调与一体化发展，为区域产业集群的发展提供有力的人力资源支撑，全面提升区域应用型本科教育发展的竞争力。其基本内涵主要体现在以下几个方面：

1. 基本价值取向

基于区域产业集群的应用型本科教育专业集群建设的基本价值取向是坚持工程师教育的发展与经济社会发展相统一。这是由专业集群建设的根本目的所决定的。对于应用型高等教育专业集群概念的界定也是以专业群组群的目的与意义为出发点，强调其对于应用型本科教育的发展及区域产业集群发展的服务功能。

专业集群建设中既要体现应用型本科教育的教育功能，又要体现其经济功能与社会功能，是一种具有市场性、社会性、应用性和公益性特征的特殊教育行为。专业集群的建设涉及人才培养的全部环节，是育人的系统工程，在这一过程中必须坚持以人为本，以就业为导向、以满足学习者个体的全面发展与区域经济社会发展需求相协调为核心，注重学生能力培养和个性发展；同时，专业集群建设还必须依托于区域经济、社会的发展，瞄准市场，立足于职业与岗位的不断变化与需求，树立主动适应并服务于区域经济社会发展的市场意识与服务意识，使专业及专业集群的发展与区域经济社会的发展需求相同步，为使学生更好地走向社会、适应社会，从而为更好实现自我发展奠定坚实的基础。

但是，强调市场性并不意味着从一种极端走向另外一个极端，即在专业集群的建设中要避免将“人”作为工具、单纯注重经济效应的功利性，无论在理论还是实践层面，均应坚持在“以人为本”的教育理念下，谋求人的全面发展与区域经济发展的统一与和谐互动。

2. 应用型本科教育专业集群的主要理论起源

基于区域产业集群的本科教育专业集群式发展的理论基础是产业集群理论。专业集群理论是产业集群理论在教育领域的拓展与应用。产业集群作为一种空间的集聚体，具有集体竞争优势和集聚发展的规模效应，具有区域性、集聚性、创新性、专业性、共享性与区域根植性等主要特征，其核心资源是人力资源。在产业群的发育过程中，只有当既有若干物质生产企业，又有相关的教育、培训与研发及中介机构等结点“扎堆”于该特定区域，且结点间彼此建立起联系网络，才可以说该产业群已发展到了成型阶段。因此，产业集群的发展离不开应用型本科教育专业集群的参与，且二者之间必须要建立起紧密的联系。只有这样，才能使得二者互为促进，共同发展。

借鉴产业集群的发展模式，对接产业集群发展对人力资源的需求，创新应用型本科教育专业发展模式与专业人才培养模式，通过专业的集群式发展，形成区域内某一类专门人才培养与培训的竞争优势与规模效应，这既是经济发展的要求，也是应用型本科教育自身发展到一定阶段的必然要求，同时也体现了与产业集群发展同源的区域性、集聚性、创新性与竞争性等基本特征。

3. 应用型本科专业集群建设的主要内容

区域应用型本科教育专业集群建设即是以服务产业集群发展为目标，通过对一定区域产业集群内人才需求状况的分析及区域内本科院校的原有基础与优势，调整专业群的结构与布局，构建与产业集群需求相一致的专业集群体系。应用型本科教育专业集群建设既体现了专业与专业群之间基于产业链的横向联系，又体现了应用型本科教育专业与专业群之间的纵向联系，其优势体现在能更有效地与区域经济和产业结构、区域产业集群发展形成对接，有利于合理地规划人才培养结构，提升区域应用型本科教育竞争力，从而更好地为区域经济社会发展服务。其主要建设内容包括以下4个方面：

（1）区域经济发展下的应用型本科教育专业结构与布局的优化调整。从某一程度上说也是一种以专业建设为核心的资源整合运动，根据区域产业集群的规模、布局、结构，科学规划应用型本科教育专业规模，优化调整应用型本科教育专业结构与布局，整合优质资源，提高办学效益和办学水平，推动应用型本科教育专业特色与产业特点的良性互动。

（2）品牌效应与竞争效应的应用型本科教育品牌专业建设。紧密结合区域经济发展需要和院校办学基础，在优化专业结构的基础上，培育和建设骨干示范院校的品牌专业，以品牌专业集聚为龙头，带动一般专业，依托产业集聚形成专业的集聚，依据产业集群发展，建设与之相适应的专业集群，充分发挥区域优势与品牌效应，以专业建设的特色化、品牌化带动办学水平和服务质量的提高，全面提升地方普通本科院校整体服务功能和竞争力。

（3）基于区域特色与主导产业或支柱产业的公共实训基地建设。各级政府通过统筹规划与资金引导，充分调动行业企业参与应用型本科教育的积极性，加强校际间联合，集中力量重点建设对接区域产业集群的应用型本科教育公共实训基地，以打造集人才培养、培训、技术推广、产业示范功能为基础平台，实行资源共享，充分提高应用型本科教育资源的利用率。

（4）基于区域产业经济发展的区域高等教育集团建设。应用型本科教育集团建设为应用型高等教育集群式发展提供了可能。地方普通本科高等教育集团化发展是推动应用型本科教育专业集群建设的重要途径，也是专业集群式发展的重要载体。“集团化”和“集群”的概念本身即源自经济学领域，旨在通过规模效应、资源优化、品牌效应和对口效应带来高质量和集约化发展。地方普通本科教育集团化办学是在应用型本科教育领域对“集团化”与“集群”概念的借鉴与延伸解读。地方普通本科教育集团就是一种基于集群价值链理论，在政府主导下，以校企合作和资源整合为基本支点，将应用型本科教育机构在地理位置上集中规划，院校之间合理分工，整体上优势互补的应用型本科教育发展模式。地方本科高校教育集团化与产业集群殊途同归，最终指向区域核心竞争力的提升与效益的最大化。借助地方本科教育集团这个平台，集团内各院校对接集团主导产业的专业及相关专业更易于以集群化的方式发展，更易于实现资源的优化整合与共享、结构优化和功能扩展，同时也更易于形成统一的高等教育服务市场。“集群”化理念在应用型本科教育领域的延伸与应用上也充分体现了应用型本科教育与经济之间密不可分的联系。

4. 专业群与专业集群的联系与区别

在内涵与形式上，“专业群”与“专业集群”既有联系又有区别。无论是“产业集群”“专业群”还是“专业集群”，所体现的均是一种“群”化发展的模式，体现的是集约化、规模化发展的理念。名词的“群”是指聚集在一起的人或物；而动词的“群”则表示“群化”的动态过程，即由单一的个体发展向以一定的纽带关系而联系在一起的“群”的过程，在这一过程中产生集聚的效应。“专业群”与“专业集群”体现的是应用型本科专业建设的两个不同层面，一是院校层面的专业群建设，二是区域层面专业集群的建设。地方高校层面专业群建设是区域统筹的应用型本科专业集群建设的基础，体现了应用型本科的学科属性。区域层面应用型本科专业集群的发展与建设必须依据区域内地方高校布局及高校内的专业结构布局，以区域产业集群引领地方高校调整与优化专业集群的结构与布局。因此，“专业群”与“专业集群”是密切联系、互为基础、互相促进的两种不同层面的专业化集约发展形式。

5. 应用型本科专业集群建设的主旨目标

服务于区域经济社会发展，为其提供有力的人力资源支撑是实施基于产业集群的应用型本科专业集群建设的主旨目标。专业集群建设就是要紧密围绕区域产业布局和特色产业集群发展，适应产业集群空间集聚、资源配置空间集中模式的特点，对区域内本科高校专业布局结构进行宏观调控，在空间上贴近产业集群，形成对接产业集群建设的应用型本科专业集群，通过专业集聚和提升，实现空间集聚和配置效益最大化，提高应用型本科人才培养质量，满足产业结构优化升级对人力资源开发的需要，全面提高区域应用型本科人才的专业实践能力和贡献水平，提升区域应用型本科高校的竞争力。

二、应用型本科专业集群的基本特征

一是强调学科支撑或引领作用，建设以优势学科为核心或基于学科基础的专业集群；二是突出紧密对接产业集群，与产业结构相适应，为区域产业培养应用型本科人才；三是充分体现校地互动、产教融合理念，在更大的空间和更宽的视域打造区域高等教育与经济社会发展良性互动的专业集群。地方高校因其办学类型的应用型、办学层次的本科要求等特殊性，专业集群布局是以“以岗位群或行业为主兼顾学科”的“职业联系与学科联系的复合”作为专业集群布局的基点和依据，而不是仅仅以“与产业、职业岗位群对接的职业联系”或“与学科对接的学科联系”为基点与依据。

（一）区域性

区域性是基于产业集群的应用型本科专业集群的最基本特征。区域应用型本科教育专业集群最大的特点就在于它要适应地方产业结构，根据区域经济发展的需要来确定区域应用型本科教育专业集群的发展方向。

基于产业集群的应用型本科专业集群的区域性主要体现在：一是构建方式的区域性。应用型本科教育专业集群的形成是以一定的区域为基础的，是基于地理接近性的地方院校专业和专业群的集聚。二是服务对象的区域性。应用型本科教育专业集群建设是以区域内的某一特色或优势主导产业和支柱产业集群为服务对象，而产业群具有“产业相关 + 地理相聚”的特点，地方高校通过依托区域产业集群特点而创出自己的专业特色，提高办学水平，服务对象的区域性决定了服务主体的区域性。三是建设内容的区域性。专业集群内的资源优化配置与共享是指区域内地方院校的资源配置与共享，高等教育专业结构与布局的调整也是基于区域内产业和技术结构调整与升级需求的。四是服务目标的区域性。应用型本科专业集群建设的服务目标是着眼于为区域经济社会发展提供有力的人力资源支撑。五是管理的区域性。专业集群建设是基于区域层面而进行的，由地方政府主导，负责对本区域内应用型本科专业集群建设规模、结构等的合理统筹与科学规划，避免盲目建设与重复建设，提高地方高校的办学质量与效益，提升为区域经济发展服务的能力与水平。

（二）统筹性

统筹是推动应用型本科专业集群形成和发展的重要机制。加强政府对区域应用型本科教育的统筹是深化高等教育改革的重要抓手，是教育改革与发展的时代要求，其重点是加强政府在完善区域应用型本科教育发展机制和办学模式方面的统筹力度，促进资源共享，提高服务能力。应用型本科教育专业集群建设是立足于区域经济建设对应用型本科教育提出的新任务、新要求，从宏观层面对区域内应用型本科教育发展进行优化整合，推进区域高等教育的一体化发展。在专业集群的建设过程中，政府要充分发挥其引导统筹规划的职能，紧紧围绕本区域内产业集群发展、产业升级需要，统筹投入与资源，统筹制定地方院校与地方产业集群对接方案，加强专业布局结构调整，强化保障机制，鼓励与区域内产业集群发展相契合的专业群建设，鼓励地方院校根据区域产业集群发展建设特色专业群，通过政府组织、平台对接等有效方式，提升应用型本科教育服务区域经济发展和产业发展的针对性、有效性和灵活性，将专业的集聚发展成为一种主动行为，实现为区域经济社会全面发展提供充足人力资源的目标。

（三）集约性

集约性是应用型本科教育专业集群的重要属性。从经济学的视角来看体现的是一种“集约”的思想，在本质上与产业集群和产业链延伸具有相近的原理。集群思想的源泉，应该归结为现代经济发展的集约化思想，其最朴素的出发点是在同一经济范围内，通过各种经济要素质量的提高、要素含量的增加、要素投入的集中以及要素组合方式的调整来增进效益。

产业集群的竞争优势主要表现在其资源的整合能力，通过集约化发展实现资源利用最大化、配置最优化、效益最大化。基于产业集群的应用型本科教育专业的集群式发展，就是通过集约化发展，实现区域内应用型本科教育资源与要素的有效整合与优化配置，包括高等教育资源市场、生源市场、就业市场、资金市场等，从而降低办学成本，提高办学效益，实现人才培养规模化的同时，亦实现资源利用效益的最大化，集约化地为经济社会发展提供大批高素质应用型人才，实现应用型人才供给的空间集聚和配置效益最大化，进而实现应用型本科教育规模和办学效益的最大化。从地方院校层面来说，体现了地方院校内部一组具有较高相关度专业的发展逻辑，对区域应用型本科教育发展而言，则体现了与区域主导产业与特色产业相对接的应用型本科教育专业和专业集群的发展模式。

（四）适应性

基于产业集群的应用型本科教育专业集群的特征还突出地表现在其对区域经济社会发展的适应性上，这是在适应社会经济结构、产业结构和教育结构相统一的要求的过程中形成的。某一区域的教育系统是该区域社会经济系统中的一个子系统，前者必须适应后者，并受到后者的制约。各地在经济发展中因地域优势而显现出不同的特色产业发展优势，并形成区域特色的产业集群经济。基于产业集群的应用型本科教育专业集群的适应性就是随着区域产业集群的发展，包括规模、结构等要素的调整而改变自身发展方式的一种能力。主要表现在：一是专业集群的发展是动态调整的过程。在这一过程中，专业集群内部的专业结构、层次、布局必须按照区域产业集群发展对高素质应用型人才的科类、层次、结构、规模、质量的需求的不断变化进行相应的调整，以适应产业集群发展的需求；二是适应高等教育对象的需求。技术的升级改造与创新对技能型人才的素质要求不断提升，专业的集群化发展模式有利于人才培养与产业发展的有效对接，提高培养质量，满足学习者的发展需求；三是应用型本科教育自身发展模式的适应。随着经济社会的发展，应用型本科教育的发展模式也必须与时俱进，专业的集群化发展模式正是应用型高等教育主动适应区域经济社会发展新形势的一种创新性路径选择。适应是个动态的过程，高等教育的专业集群将在适应中不断发展，在发展中不断提高其适应性。

第五节　应用型本科专业集群研究的实践意义

产业集群建设与发展现已成为世界产业发展的重要趋势和关键领域，也是我国新时期产业经济发展的战略重点领域。产业经济的集群化发展对与产业经济发展变化高度相关的高等教育提出了更新、更高的要求。探索适应区域产业集群发展需求的应用型本科教育专业集群建设规律与创新性实践具有重要的理论价值与现实意义。

一、应用型本科专业集群研究的实践基础

（一）地方院校专业群建设实践

地方院校专业群建设的实践探索始于20世纪90年代末期，部分高职院校开始自发地尝试探索。进入21世纪后，这种零星的探索已逐步得到各界的认可，并走进了更多的地方普通本科院校。

按照国家“十三五”规划部署，围绕现代农业、制造业发展重点方向、战略性新兴产业、生产和生活性服务业等重点领域和地方经济社会发展需要，教育部、财政部在地方应用型普通本科高校支持一批紧贴产业发展需求、校企深度融合、社会认可度高、就业好的专业进行重点建设，推动地方院校创新体制机制，加快人才培养模式改革，整体提升专业发展水平和服务能力，为国家现代产业体系建设输送大批高端技能型专门人才，进一步明确并着重强调了应用型人才专业与产业发展的密切关系。国家相关政策的出台，将有力地推动地方本科高校专业建设的快速、规范化、创新性发展。地方院校的专业群建设实践为基于产业集群的应用型本科教育专业集群的理论与实践探索打下了坚实的实践基础，同时，国家相关政策的相继出台，也为专业集群建设的研究与实践提供了有力的政策保障。

（二）以集约化管理助推地方普通本科院校转型发展

如今，在科学发展观及产业集约化发展的大背景下，我国教育走集约化发展之路，逐步摸索出一条教育集约化发展之路——集群式发展，建立了“政府主导、学校协同、资源共享、特色衔接、共同发展”的教育集群机制，积极开展区域资源共享、学段衔接和集群特色研究工作，围绕学生素质发展这个核心，促进地区教育实现优质、均衡、特色发展。

集约化管理是地方普通本科院校在转型发展中追求卓越，在服务地方经济社会发展中发挥独特价值的必然选择。新建地方普通本科院校实施集约化管理具体可以有以下路径：

1. 服务面向集中化

根据办学综合实力不强和办学资源有限的实际，新建地方普通本科院校不适宜追求综合性、大而全的服务面向，而应适度集中服务面向，选准行业、集中服务领域，倾力服务。这种“有所为，有所不为”的集约化服务面向，有利于学校集中力量办出质量、办出特色，有利于学校在部分领域取得卓越成绩，为学校在服务地方经济社会发展做出独特贡献。

2. 学科专业集群化

学术性普通本科院校一般是依托基础较强的学科发展相关大类专业，基本模式是学科链接专业。应用型新建普通本科院校则主要根据服务地方某些产业或行业需要布局学科专业，优化资源配置，基本模式是产业链接专业，围绕选择的产业或行业建立专业集群。专业集群可以促使集群内的专业彼此间高度集聚，在获得外部规模经济和内部凝聚效力的同时，通过集聚效应提升共享资源的效益和效率，实现资源利用最大化、配置最优化、效益最大化，其竞争优势表现为对资源的整合能力。由于产业集群和产业链延伸具有相近性，专业集聚有助于将资金市场、教育资源市场、生源市场、就业市场等区域教育资源和教育要素进行有效整合，实现区域教育资源的优化配置。

3. 教学组织集约化

高校传统的教学机构是按学科划分院系的组织架构，专业教学人员被分割在各自独立的教学组织中，一些专业实验室等教学资源也是各自独立管理，这种组织架构不能充分发挥人力、物力等资源的效益。组织的集约化既是高校发挥管理效益的需要，也是有效实施集约化管理的重要前提。

4. 办学资源集约化

地方普通本科院校通过对校内资源进行优化组合、合理配置，发挥资源的聚合优势，同时，积极拓展校外社会资源，借力发展。一是办学资金集约化，对高校的收入进行统一配置，树立节约、高效的价值理念，降低运行成本，实现高校资源的优化配置。二是教学设施集约化，这能使资源大多比较紧张的地方普通本科院校，更有利于集聚资源，最大限度地发挥资源的聚合优势。三是校外资源集约化，学校通过与企业、政府之间的合作，获得地方政府、行业、企业等广泛的社会资源，建立多元协同、开放合作的校政企资源共享机制。

5. 科研力量集约化

在科研上，地方高校的重点不是把资金投入基础性研究，而是把重点放在为地方经济社会发展服务的应用性科研上。这一方面是地方经济社会发展对地方高校的要求，另一方面也是地方高校立足地方生存发展的需要。应用性科研使最前沿的科技信息能得到及时有效的吸收和传承，使现成的科学技术与经济建设实际快速地、有效地结合起来。地方高校应利用机制灵活的优势，与地方相关领域建立紧密合作关系，向企业和地方争取科研项目和科研经费，集合科研力量，参与企业和地方的科技开发和科技攻关，促进科技与地方经济的结合，加速地方经济建设和社会进步。

二、应用型本科专业集群研究的时代价值

应用型本科专业集群式发展，是新世纪特别是近5年来我国应用型本科教育专业建设水平提升的一个重要特征。这种在应用型本科教育发展进行到一定历史时期才出现的群化现象，既是应用型本科教育自身发展阶段不断演变的结果，也是应用型本科教育对接产业经济发展方式的必然趋势，更是应用型本科教育不断走向现代化的重要途径。在众多区域及地方院校丰富的实践探索基础上，研究专业集群现象、背景及其所承载的发展理念、价值追求，丰富应用型本科教育专业集群理论，对于推进应用型本科教育新一轮改革发展、优化应用型本科教育布局和资源配置都具有重要的现实意义。

（一）适应产业集群经济发展需求，提高应用型本科教育服务区域经济社会的能力和水平

当前，产业集群经济已成为区域经济发展的重要推动力量，区域化是其最基本的特征，区域的核心竞争力就体现在地方特色产业集群上。教育与培训部门是产业集群形成与发展的重要支撑机构，为产业集群的发展提供高素质的人力资源。产业集群的形成与发展客观上也促使企业与教育和培训机构之间在空间的分布更加紧密，分工协作的互补性更强，以实现互相促进，达到共同发展的目标。

产业的集群化发展必然导致人才的集聚，区域内人力资源的数量、质量与层次、结构是区域产业集群发展的重要保障。充足而高质量的人力资源可推动产业集群的技术升级与创新，推动产业集群区域经济效应的持续扩大，而缺乏技能型与技术型应用人才，人才结构布局缺乏科学性与合理性等问题则将严重制约区域产业集群经济的进一步发展。应用型本科教育作为一种面向实践、面向工程，培养实践动手能力强的实用型技能和技术型人才的教育类型，应按照区域产业集群发展对高素质技能型及技术应用型人才的科类、层次、结构、规模、质量的要求，为区域产业集群经济的发展提供强有力的人力支撑。

但是，随着应用型本科教育发展规模的迅速扩大，应用型本科教育在自身改革与发展及应对并适应区域经济社会发展方面也遇到了一些瓶颈问题。地方院校专业设置趋同，骨干专业建设薄弱，专业调整与改造不能适应产业升级，而且本科教育专业之间缺乏梯度差异，服务区域主导产业和支柱产业的能力不强。区域经济发展战略的实施和产业集群发展新格局对

高等教育发展的新要求，应用型本科教育必须调整发展思路，探索如何在本科教育与以产业集群发展为主要特征的区域经济发展间形成良性互动的模式，其核心是从专业建设切入。专业建设是将学校教育教学工作与社会需求紧密结合的桥梁与纽带，在当前应用型本科教育大发展的背景下，专业建设已由规模迅速扩张转入内涵建设阶段，专业的集约化建设成为解决目前专业建设所面临瓶颈问题的最佳途径，通过专业的集群化发展可有效地整合应用型本科教育资源，避免地方院校间的专业重复建设与恶性竞争，实现资源共享，通过宏观统筹，统一规划区域应用型本科教育发展战略，推进区域应用型本科教育整体发展。

通过深入研究产业集群、产业链的战略发展提出的技能型人才层次、结构、规模和质量的变化和要求，明确应用型本科教育专业集群的实质内涵、建设原则与建设途径，从区域层面提出应用型本科教育专业集群式发展的策略，为区域应用型本科教育的改革与发展提供有益的实践指导，促进应用型本科教育与区域产业集群经济发展的有效对接，有效提高应用型本科教育服务于区域经济社会的能力和水平。

（二）服务江苏沿海经济振兴战略，推动江苏省应用型本科教育创新发展

产业集聚是市场经济条件下工业化进行到一定阶段后的必然产物，是现阶段产业竞争力的重要来源和集中体现。产业集聚是工业化进程中的普遍现象。区域产业群经济也已经成为我国国民经济的一个亮点。2005 年，江苏省发展和改革委员会制定的《关于江苏省调整优化经济结构的实施意见》提出：“推动产业集群发展，拉长产业链条”，规划了全省十五大产业集群。国务院 2010 年 5 月正式批准实施《长江三角洲地区区域规划》（以下简称《规划》）。规划期为 2009—2015 年，展望到 2020 年。范围包括上海市、江苏省和浙江省，区域面积 21.07 万平方公里。《规划》中把优化结构、建立现代产业体系作为首要任务。在国家政策大力支持下，江苏在长三角地区经济迅速发展，产业集中度越来越高，江苏制造业与信息技术、服务经济加快融合，转型升级步伐加快，产业层次明显提升，特色产业基地和产业集群建设势头强劲，以苏州、连云港为龙头，省内各地的产业集群蓬勃兴起。扬州数控成型机床、泰州生物医药、常州光伏等产业集群都已经形成了鲜明的产业特色，其中许多产业集群的规模已经处于国内领先地位。“产业集群”的集聚效应日益显现，有效地推进了江苏产业结构的优化升级和产业竞争力的不断增强。未来江苏省已明确了区域产业集群化发

展战略，13 个市都将集中自身资源优势，重点培育产业集群以促进区域经济发展。

劳动力是最重要的生产要素。数量充足的高质量人力资源是产业集群得以持续发展的重要资源。而产业集群的形成与发展更多的是一种市场行为。在这一过程中，政府的职能是为其发展提供一个开放的、公平竞争的市场环境，做好公共服务，提升生产要素的质量，如培训等。区域产业结构与规模决定了区域内应用型本科教育的专业结构、规模与布局。在“转方式、调结构、升级、创新”已成为未来江苏产业集群经济发展关键词的背景下，政府可借助宏观调控等手段，按照产业集群发展要求，推进应用型本科教育做出适应性和战略性调整，对区域内高等教育发展的结构、规模、层次进行统筹规划，为产业集群的发展提供充足的人力资源保障。基于产业集群的应用型本科教育专业集群的理念就是在此基础上建立起来的，这其中政府的统筹能力是关键，而区域内应用型本科教育的专业集群式发展必然是带有统筹色彩的。根据江苏沿海地区产业集群发展规划进行区域统筹的专业集群建设，增强专业结构与产业结构的适应性，实现资源高效整合、提升人才培养质量，培养一批具有较强自主创新能力的高素质应用型高级专门人才，培养一批门类齐全、技艺精湛、善于解决技术难题的应用型人才，打破人力资源对经济发展的瓶颈制约，是提高应用型本科教育服务经济社会发展水平的有效途径。

（三）丰富应用型本科教育专业建设理论，创新应用型本科教育发展理念

应用型本科教育专业建设理论一直是高等教育研究的重点与核心问题，专业建设是将学校与社会紧密联系起来的重要纽带，是包含了人才培养全部环节的系统工程。对于整个应用型本科教育体系而言，这关系到应用型本科教育的全面、协调、可持续发展问题，关系到应用型本科教育与经济社会协调发展问题。对于地方院校而言，则决定着一所学校的办学性质、办学实力、办学特色、办学效益，是保障培养的人才适应社会需求且满足学生个性需求的关键性环节。应用型本科教育专业的集群式发展是应用型本科教育专业建设的一种创新式模式。它是适应区域经济社会发展对应用型本科教育的需求而产生的，是通过资源的优化配置与整合提高高等教育办学质量与效益的有效径。从院校层面而言，专业群建设是形成地方院校核心竞争力的重要途径，有利于形成地方高校专业群体优势，增强市场适应性；有利于形成实践教学优势，降低实训建设成本；有利于形成师资队伍优势，增强专业竞争力；有利于形成特色和品牌优势，提高学院知名度。

从区域层面而言，应用型本科教育专业的集群式发展必须以适应区域经济社会发展需求和人的全面发展需求为宗旨，从整体上提升应用型本科教育对区域经济社会发展的适应性。当前，产业集群经济已成为区域经济发展的主要形式，产业集群在区域经济发展中发挥着越来越重要的作用。区域产业集群经济的发展对应用型本科教育的专业发展模式提出了更新、更高的要求。根据区域内产业集群经济特点，建设与之相适应的应用型本科教育专业集群，从宏观层面统筹规划应用型本科教育的专业结构、布局，优化配置区域内应用型本科教育资源，实现办学效益最大化、资源配置最优化，提高人才培养质量，提升区域应用型本科教育竞争力，为区域经济发展提供人力资源支撑，全面提升服务区域经济社会发展的能力是区域应用型本科教育发展的必然选择，基于产业集群的应用型本科教育专业群建设理念突破了以往以院校为单一主体的专业集群式发展模式，借助于产业集群理论、人力资本与人力资源理论、教育与经济互动关系理论，跳出教育自身，将经济学的相关理论引入教育学领域，从教育与经济发展的关系视角出发，充分考虑区域应用型本科教育的整体发展与区域经济发展的适应问题，通过统筹规划与宏观指导，促进区域高等教育及其与区域经济社会的协调发展，从整体上提高区域应用型本科教育的发展水平。可以说，基于产业集群的应用型本科教育专业集群建设理念丰富了应用型本科教育专业建设理论，拓展了专业集群式发展模式，为区域应用型本科教育的专业建设提供了新的分析思路，为创新区域教育发展模式提供了新的理论依据。

通过理论的探究与实践的摸索，深入探讨应用型本科教育专业建设与区域产业集群经济发展之间的内在联系，明确未来江苏省应用型本科改革发展路径，提升服务经济社会发展的能力和水平，树立适应区域产业集群要求的应用型本科教育专业集群战略发展新理念，推动江苏应用型本科教育建立起适应区域产业集群的专业集群资源战略管理新体制，基于区域产业集群的专业集群空间集聚新模式，确立面向区域产业集群服务的专业集群建设新目标，构建起应用型本科教育专业集群发展效益导向的评价新标准，从根本上推动江苏应用型本科教育走上创新发展之路。

第六节　建设应用型本科专业集群需要破解的重大问题

在江苏沿海地区全面振兴、特色产业集群成为区域经济发展主要形式的背景下，应用型本科教育如何根据产业群“产业相关＋地理相聚”的特点，依托产业群的产业特点而创出自己的专业特色，科学合理地对专业规模等进行规划，加强并推进应用型本科教育的专业集群建设，如何提高专业建设与区域经济发展适应性，提高办学水平，使教育特色与产业特点进行良性互动，如何以更有效的组织形式深化校企合作，提高人才质量，更好地为地方经济和产业集群经济服务已成为江苏省应用型本科教育实现高水平发展所面临的焦点问题。

为此，本研究在区域经济与应用型本科教育发展互动理论、产业集群理论、人力资本和人力资源理论的指导下，首先从江苏省经济发展水平、从业人员的产业分布及江苏省区域经济发展走势分析入手，研究产业集群发展对应用型本科教育专业建设提出的新需求；然后，对江苏省应用型本科教育专业建设情况进行调查分析，并提出应用型本科教育专业建设与区域经济发展相适应的标准，以此对江苏省应用型本科教育专业建设与区域经济发展的适应状况进行分析；在深入剖析影响专业集群建设的若干因素后，以系统论的思想，根据区域经济与高等教育发展互动理论，构建一种基于产业集群的专业发展模式——应用型本科教育专业集群，进行一种提升区域应用型本科教育质量的思路设计。本研究着力破解 9 个方面的问题：

一是基于产业集群的应用型本科教育专业集群的内涵与特征。在服务区域经济、产业集群经济的背景下，在对专业、专业群的概念进行辨析的同时，借助产业集群理论进一步厘清专业集群概念，从价值取向、理论渊源、主旨目标和区域性、统筹性、集约性、适应性等方面揭示其内涵与特征，这是统领全书的关键性问题。

二是产业集群发展战略对应用型本科教育专业建设的影响。重点是解析“三大战略”背景下江苏产业集群发展的路径选择、产业集群发展战略对应用型人才需求的变化及产业集群发展背景下高等教育专业建设面临的机遇与挑战。

三是发达国家及国内产业集群发达地区专业集群建设的经验和启示。重点分析发达国家及国内产业集群发达地区应用型本科教育专业建设服务区域经济社会发展的动力机制、组织形式、人才培养模式、基本经验等方面的问题。

四是影响专业集群建设的要素分析。从内外部两个方面着手，重点从宏观经济政策、产业结构调整、劳动力供求变化及高等教育自身发展，包括教师队伍、专业课程体系、实训基地等若干方面对应用型本科教育专业集群建设的影响进行了深入剖析，并提出了整合影响专业集群建设因素的基本思路。

五是应用型本科教育专业建设与区域经济适应性分析。重点阐述了应用型本科教育专业建设的基本原则与主要内容、应用型本科教育专业建设服务区域经济发展的具体形式，同时以江苏省为例，分析了全省地方本科院校专业建设与三大经济战略发展的适应情况，应用型本科教育专业建设与装备制造业产业集群的适应情况。针对存在的主要问题，从建立专业设置管理模式、搭建长效信息平台、创新资金投入机制、专业准入机制、动态设置机制、构筑专业设置评估体系等方面提出应用型本科教育专业结构调整与完善区域布局的对策建议。

六是对接产业集群的地方统筹专业集群建设。区域统筹的专业集群建设更具有可操作性，更具有服务的针对性，以盐城为例，重点分析盐城地区在江苏沿海经济开发战略中的战略地位、盐城地区经济发展对技能型人才的需求，盐城市应用型本科教育专业建设及其与当地产业发展的适应性，在此基础上提出了基于专业集群的地方院校布局调整策略。

七是对接产业集群的应用型本科教育集团建设。重点阐释了构建现代应用型本科教育集团的战略意义、现代应用型本科教育集团建设的基本模式与策略及应用型本科教育集团在专业集群建设中的地位作用，针对江苏省创新型应用型本科教育集团建设情况，揭示应用型本科教育集团建设在服务地方产业集群中创新人才培养模式、整合资源、创造品牌、垄断人才供给市场等方面的深层含义。

八是对接产业集群的地方院校专业集群建设。应用型本科教育领域服务地方产业集群建设的引领者、主力军是地方普通本科院校。区域统筹的专业集群建设的基础是各个院校的专业群。重点解析地方普通本科院校专业集群建设的背景与意义，分析地方普通本科院校专业群建设情况及存在的主要问题，并以盐城工学院等几所地方院校对接地方产业集群建设的典型专业群为例，从市场调研、人才需求分析、专业课程建设、培养模式选择等几个方面进行全面分析。

九是实施应用型本科教育专业集群发展战略。专业集群建设实际上是系统管理思想的体现，重点从解析江苏省应用型本科教育专业群建设的目标、原则、建设思路，从蓝图设计、统筹管理、品牌专业建设、校企合作联盟、公共实训基地建设、优化结构布局等关键环节入手提出了推进策略。专业集群建设是专业建设的高级形态，是应用型本科教育服务区域经济发展战略、建设人力资源强省的一种思路创新。建设应用型本科教育专业集群既要借鉴发达国家的经验，也要重视国内产业集群发达省份专业建设服务区域经济的形式与内容，更重要的是要认真审视江苏省自身的经济与教育发展情况，遵循规律，寻求超越，打造充足而优质的人力资源供给软环境，提升区域应用型本科教育竞争力，提升区域经济竞争力，为建设富庶、文明、幸福新江苏贡献力量。

二、现有应用型本科专业集群研究中存在的主要问题

（一）对于应用型本科专业集群的研究仅局限于应用型本科教育本身

对于应用型本科教育的研究，若不能摆脱就教育论教育的状况，其研究的深度、广度与效度必然受到极大的制约。应用性、社会性是应用型本科教育的本质属性，脱离了区域经济产业结构及产业集群的调整与升级来研究应用型本科教育专业集群建设显然无法真正地从本质上把握其内涵与规律。因此，对于应用型本科专业集群建设的研究应明晰区域产业群的内涵，了解相关的经济学理论，把握专业群建设与区域产业群或产业集群发展间的联系与互动关系，将产业群与应用型本科教育两者结合起来，应用型本科专业集群建设才能有的放矢，避免盲目性与功利性。国内经济界对于产业群问题的研究成果较多，教育界研究应用型本科专业建设的成果也不少，但将两者结合起来研究的却仅限于一些零星的关于专业建设与产业群关系的阐释。

（二）关于应用型本科专业集群的研究成果局限于应用型本科人才培养实践与探索

在对专业建设及专业集群建设的研究中，应用型本科教育可以说是绝大多数研究者关注的热点，众多的专家、学者及地方院校的研究人员与教师都对应用型本科转型的人才培养模式进行了一些有益的研究与探索，应用型本科转型源于人才培养同质化的困扰，实质是基于社会发展需求，反思传统模式，探寻新时期高等教育分类发展新模式的时代命题。实际转型过程中，则因客观条件与认知取向不同，会有不同侧重人才培养模式的重塑，从优化培养方案，深化“产教融合”“校企合作”等方面着手，改革人才培养模式。坚持试点先行、示范引领，通过建设重点专业集群，找准办学定位，引领其他专业改造，实现专业集群建设与产业集群建设“无缝对接”。因此，从研究人员到应用型本科培养的技术人才，对于专业及专业集群建设重要性的认识及重视程度都有待加强。

（三）应用型本科专业集群的研究仍处于探索阶段

很多学者的研究视角还局限在专业群的组建上，因此，很多地方院校

的实践也只能是停留在专业群的组建层面上，而对进一步的专业群组织形式与科学管理缺乏必要的思考与研究。地方普通本科院校的专业群建设并不是简单地把若干个相关或相近专业整合起来，它是一个包含教学资源、师资配备、实训体系、课程与教学体系等在内的一个复杂系统，它需要在保持基本稳定的基础上，根据实际需要进行动态的改进与调整。如果突破资源共享、专业灵活调整等专业群建设单一目的倾向，以更开放、更宽阔的视野来看待专业群，专业跨系、跨学科组群等情况将是很普遍的情况。在这种情况下，专业群内各专业之间的关系应如何处理、专业群应以什么样的组织形式来进行管理，则是应用型本科院校专业集群建设实践中必然面临的问题。同时，专业集群建设如何更好地与区域的产业结构调整、产业群升级结合起来，提高人才培养质量，为区域经济社会发展提供优质的人力资源保障等问题都有很大的研究空间。

在目前有关专业集群的研究中，已有越来越多的学者将关注点转向专业群与产业群或区域经济发展的适应关系，从宏观的视角出发，如何通过专业群建设，科学、合理地调整好本区域应用型本科教育的布局，以更好地发挥地方院校对于社会经济发展的服务功能，这也将是我们需要研究的重点内容，也将是专业集群研究的主流内容。

第二章 区域经济发展战略及其对应用型本科专业集群建设的影响

第一节 影响应用型本科专业集群建设的外部因素分析

影响应用型本科教育专业集群建设的因素有许多，既有宏观经济政策、产业结构调整、人才市场需求等外部因素，也有地方院校的办学条件、教师队伍及学生专业选择等内在因素。这些外在和内在因素不同程度地从各个角度对高等教育专业集群建设产生着影响。充分了解和分析影响应用型本科教育专业集群建设的因素，对于地方院校专业设置和规模的扩大有着十分重要的意义。

一、影响应用型本科专业集群建设的外部因素分析

应用型本科教育作为培养应用技术型人才的教育，与区域经济有着紧密的不可分割的内在联系。应用型本科教育为地方支柱产业、高新技术产业、服务业等产业培养适应地方经济建设与社会发展的高级应用型人才，其专业结构必然受到宏观经济政策、产业结构调整和专业技术人才动力供求变化等外部因素的影响。由宏观经济变量制定指导原则和措施，严格地说，宏观经济政策是指财政政策和货币政策，以及收入分配政策和对外经济政策。除此以外，政府对经济的干预都属于微观调控，所采取的政策都是微观经济政策。宏观经济政策是指政府为了达到宏观经济目标所采取的手段和措施。宏观经济政策对高等教育的影响主要体现在人力政策和经济增长政策两个方面。人力政策又称就业政策，是一种旨在改善人才市场结构，以减少失业的政策。主要有：一是人力资本投资。重点提高高等教育质量，推进高等教育大众化，培养领军式专业科技人才。在我国实现经济腾飞关键领域，加快培养造就一批具有较强创新能力的科技领军人物、知

名专家学者等，形成规模庞大的优秀创新人才群体和创新团队。以市场和就业为导向，积极调整学科布局和专业结构，加强高等教育与社会需求的紧密结合，提高人才的培训层次和水平，使高等教育真正成为高素质人才成长的摇篮。有关专家表示，“十三五”主要是解决经济不协调、不可持续、不平衡的问题。李克强总理在邀请经济工作专家到中南海座谈时，就提出要从供需两端加大结构性改革力度，以创新供给带动需求扩展。

全要素生产率，即生产活动在一定时间内的效率，包括人力、物力、财力开发利用的效率。刘雪燕表示，稳增长提质量的关键是全要素生产率的提高，很多改革措施是围绕全要素生产率去做的，未来 5 年官方稳定经济增长的政策会更多寓于改革之中，改革需以市场化为原则，更加重视调整供给面，加快淘汰“僵尸企业”，化解过剩产能。此外，加快人口流动、技术创新等政策也是在改善全要素劳动生产率。以创新引领实体经济转型升级。提升科技创新能力，切实落实高校和科研院所自主权，落实股权期权和分红等激励政策，落实科研经费和项目管理制度改革。全面实施战略性新兴产业发展规划，加快新材料、人工智能、集成电路、生物制药、第五代移动通信等技术的研发和转化，做大做强产业集群。支持和引导分享经济发展，提高社会资源利用效率，为人民群众的生活提供便利。

一是增加劳动力的数量和质量。增加劳动力数量的方法包括提高人口出生率、鼓励移民入境等；提高劳动力质量的方法有增加人力资本投资。二是资本积累。资本的积累主要来源于储蓄，可以通过减少税收，提高利率等途径来鼓励人们储蓄。三是技术进步。技术进步在现代经济增长中起着越来越重要的作用。因此，促进技术进步成为各国经济政策的重点。四是计划化和平衡增长。现代经济中各部门之间协调的增长是经济本身所要求的，国家的计划与协调要通过间接的方式来实现。一个国家或地区在一个时期的宏观经济政策决定了该国家或地区经济发展的方向、改革的主题、建设的重点等一系列战略目标任务和政策措施，对本国家或地区的经济发展、投资方向、产业结构调整、人力资源需求、就业等产生极大的影响，这无疑也对职业教育及其专业建设具有指导性意义。“十二五”时期，我国的主要宏观经济政策是在保持经济平稳较快增长的同时，着力解决长期积累的深层次结构问题。这些问题主要是：有效扩大国内需求特别是消费需求，扩大国内市场总体规模；加快发展现代服务业和培育发展战略性新兴产业，提升产业整体素质和竞争力；加快培育以科技创新和人力资本为基础的新竞争优势，增加在全球价值链上高附加值环节的比重；降低能源资源消耗和排放强度，增强可持续发展能力。这就要求在宏观调控中必须统筹协调，处理好经济增长和结构调整的关系。各省市出台的相关经济政策也将对于高等教育的发展有着直接的影响。宏观经济政策和社会经济发展规划等因素对于应用型本科教育的专业结构和规模的影响具有导向性、全局性、基础性和长期性的特征。面对江苏新型工业化和产业结构调整的形势，既急需能够站在科技前沿的创新型人才，也需要大量善于把科技成果转化为生产力的技能型人才。促进产业结构的升级的基础和前提是不断提高劳动从业人员的素质。应用型本科教育专业集群发展模式必须是能够培养出大批宽口径、强能力、高素质、适应新型工业化发展和产业结构升级的各类人才，并以此来实现高等教育服务经济社会的宗旨。

二、产业结构调整对应用型本科专业集群建设的影响

当前世界产业结构正处于大调整时期，发达国家的产业结构向后工业化、信息化社会转变，全球工业化的重心正由发达国家向发展中国家转移。世界产业结构的这一变化趋势将更加凸显我国作为世界加工厂的地位。我国将更为迫切地需要大量高素质、高技能的产业工人，而这一重任主要应由职业教育来担负。就国内来看，我国东部沿海地区的经济可持续发展由于受到土地、能源、劳动力等方面条件的制约，必须对原有的产业结构进行优化升级，逐步把劳动密集型产业转移到欠发达地区，开发引进资本密集型、技术密集型的高新技术产业。在这种形势下，探索产业结构与应用型人才教育的互动关系，是调整高等教育分类以适应并促进我国产业结构优化升级不可回避的理论问题。

（一）产业结构调整影响应用型本科教育专业层次结构

最明显的是产业结构调整决定高等教育的层次结构。产业结构升级是推动应用型本科教育产生和发展的强大动力。产业结构升级主要是在产业中普遍应用高新技术，增加产品的附加值。其重要标志是各产业的技术层次不断提高和新兴产业不断成长为主导产业。产业结构的升级使得工作的复杂性提高，这就要求从业人员掌握更加复杂的知识技能才能胜任工作。这就要求作为应用型技术人才培养主要阵地的本科教育，必须随着产业结构的高级化发展而向更高层次发展，形成与产业结构协调一致的应用型本科教育办学层次结构。产业结构高级化发展的一般趋势是，第一产业国内生产总值（GDP）比重有不断下降的趋势；第二产业 GDP 比重首先是迅速增长，然后趋于稳定；第三产业 GDP 比重趋于不断增长；三次产业协调发展才能保证经济的持续高速增长。应用型本科教育因产业的需要而产生和

发展，产业结构决定应用型本科教育的层次结构。当产业结构处于比较低级阶段时，即以第一产业为主导的情况下，应用型本科教育在人才培养层次上通常是以人才培养为主，随着产业结构不断向高级化方向发展，应用型本科教育的人才培养层次不断上升，应用型本科教育的重心逐步向上移动。当第二产业成为主导产业时，应用型本科教育由一般工科人才为主转向培养应用型技术人才为主，工程教育是整个应用型本科教育体系的重心。随着第三产业国民生产总值比重的增加，应用型本科教育中培养的高级专业技术人才在高等教育中的比重也不断增加，应用型教育体系的重心随之上移。总而言之，应用型本科教育的层次结构必须与产业结构相适应，如果不顾产业结构的实际需求而盲目发展应用型本科教育，则会导致一系列专业结构与规模不合理的问题。

（二）产业结构调整影响应用型本科教育的专业设置

当社会生产的技术含量达到一定标准时，三次产业之间及各产业内部、各行业的比例关系决定应用型本科教育的专业结构。从理论上讲，应用型本科教育的专业设置应该对接国民经济各行业，但事实上应用型本科教育的专业结构比层次结构复杂得多。以第三产业为例，既包括产品的研发、运输与储存等生产性的服务业，也包括原材料购买及产品销售等贸易性的服务业，还包括交通、金融、法律等基础性服务业。应用型本科教育内部各专业如计算机、服装、会计、法律、金融、物流等的比例，理论上应该与各行业产值及其从业者的比例大体相当。产业结构调整作为专业设置系统外在的影响因素之一，主要是因为：第一，产业结构决定专业设置的分布结构。产业结构调整是一个动态发展的过程，始终处于不断调整和升级的过程之中。产业结构的调整意味着资源在各产业部门之间的重新调整与配置，每一种产业结构要求根据产业的特性配置一定的劳动力，从而形成与这种产业相对应的特定职业结构，这决定了人力资源的流动方向。应用型本科教育的专业设置结构也要相应地分化、重组、升级。所以产业结构决定专业设置的分布结构，即专业设置门类在一、二、三产业之间的比例。第二，产业结构决定专业设置的多样性，随着产业升级和技术创新过程的加快，产业结构呈现出高级化的趋势，产生了一些新的职业。专业设置为了满足从业者多样化的需要也日益丰富多样。第三，产业结构决定着专业设置的区域性。产业结构受地理条件、自然资源、政治环境、经济基础、人文积淀的影响，某一地区的产业结构呈现明显的地域优势和特色，应用型本科教育的专业设置要充分考虑地方行业经济结构调整的趋势、特点，以区域支柱产业和高新技术产业发展为主导，本着为地方、为行业经济服务的目的来设置专业。

（三）产业结构演变进程对应用型本科教育专业的影响

总体上来看，产业结构演变的一般趋势是：就各产业实现的国民收入或国民生产总值的比重来看，由大到小排列的变化情况是由“一、二、三”的格局向“三、二、一”的格局转变。同时，由于各产业领域处于不同的生命期，各产业的就业必然会处于变动之中，衰退产业将会大量淘汰就业的劳动力，成长期的产业必然需要增加就业的劳动力，这种变动必然给应用型本科教育发展带来很大影响。劳动力在产业界的流动成为一种常态。由于应用型本科教育是主要为产业发展服务的，所以，应用型本科教育与产业结构演变存在着必然联系。

1. 应用型本科教育层次与产业结构的演变是相对应的

当产业结构水平还处于比较落后的状态时，即以第一产业为主导的情况下，应用型本科教育在人才培养层次上通常也是以初级人才培养为主。而随着产业结构不断向高度化方向发展，应用型本科教育在人才培养层次上也是不断上升的，从培养一般工程技术人才为主转向培养应用型专业技术人才为主，进而向以培养高级专门人才为主的变化。

2. 应用型本科教育的专业结构与产业结构的演变是相对应的

由于应用型本科教育是为产业的发展培养产业技术人才的，与产业的发展情况紧密相连，在产业结构演变的不同时期，对应于产业结构特征，就需要有不同的专业结构与之相适应。在实践中，由于不同的专业人才之间具有一定的可替代性，加上知识的可迁移性，导致应用型本科教育的专业结构与产业结构之间并不是完全对称的，而是存在一定的偏差。但总体而言，专业结构可以大体折射出产业结构的状况。

3. 产业结构与应用型本科教育的影响是互动的

产业结构与应用型本科教育存在广泛而深刻的互动关系。产业结构在一定程度上决定应用型本科教育的层次结构，产业结构影响应用型本科教育的地区分布和专业设置，应用型本科教育的发展状况对产业结构的优化升级具有反作用。应用型教育对产业结构高级化的推动作用主要体现在为新兴产业的发展壮大提供大量应用型技术人才、管理人才。因此，在实现传统产业技术改造、产业结构优化升级的过程中，我们必须根据国家和地区经济社会发展目标制定好应用型本科教育发展目标，根据经济结构调整对应用型本科教育层次结构和专业结构的要求合理发展应用型本科教育，以便形成应用型本科教育与经济社会发展的良性循环。

（四）产业转移与应用型本科教育专业的互动

所谓产业转移，是由于资源供给或产品需求条件发生变化后某些产业从某一地区或国家转移到另一地区或国家的一种经济过程。产业转移是一个具有时间和空间维度的动态过程，是一个包含国际与地区间投资与贸易活动的综合过程，是对产业构成要素的国家间移动或地区间移动的描述，是国际或地区间产业分工形成的重要因素，也是转出区与转入区产业结构调整和产业升级的重要途径。

1. 产业转移影响应用型教育的专业设置

产业转移必然影响职业教育的专业设置。一方面，产业高度化发展往往伴随着各行业更加细分化，由此需要更加精专的产业技术人才，从而导致培养产业人才的应用型本科教育的专业设置也更加细分化。对产业转出区来说，由于产业转移导致新兴产业的不断涌现，这些产业从产生到高速发展到成熟，都需要有与之相适应的人力资源作保证，其中很大一部分人才的培养，尤其是应用技术型人才的培养，都要由应用型高等教育来承担，因此，新兴产业的出现必然要求出现与产业对应的专业。同时，由于某些产业向外转出，针对这些产业来培养产业人才的专业设置将会缩减甚至退出。对产业转入区来说，其应用型本科教育也要为转入的产业培养产业人才，增加与该产业对应的专业设置，在这一点上可以引进产业转出区的教学资源。若转入的产业对区域内某些传统产业具有替代效应，则该传统产业将缩减，为之提供人才培养任务的专业也将相应缩减。

另一方面，专业设置更注重整体性与关联性。由于产业转移对转入区而言具有传递扩散功能，可以带动相关产业的发展，因此，地方院校应根据本地的实际情况，在专业设置上不仅要考虑到为转入产业的发展提供人力保障，也要为相关产业的发展提供人才储备，注重专业设置的整体性和关联性。由于相近的专业人才之间针对特定的工作岗位具有一定的替代性，以及专业人才在不同的区域之间具有一定的流动性，这就导致区域内应用型本科教育的专业设置与产业转移情况并非一一对应。

2. 应用型本科教育的良好发展为产业转移提供智力支持

应用型人才教育的发展将有利于产业转移的顺利实现。对转出区而言，应用型本科教育的高度发展，使得转出区具备较多的应用技术型人才和创新型人才，这些人才对新兴产业的培育和发展壮大，形成巨大的推动力，而新兴产业的发展将愈发使得转出区的某些产业成为该地区产业结构调整和升级的压力，从而推动这些产业向外转移。因此，对转出区来说，应用型本科教育的发展会促进某些产业向外转移。对转入区而言，由于产业转入区通常相对产业转出区来说，经济发展程度处于落后地位，他们利用转出区的经济辐射和产业转移的机会较多，这些地区应用型教育的适度超前发展，可以为顺利迎接相对本地区而言的先进产业转移做好人力资源方面的准备。因此，对转入区来说，应用型本科教育的发展为外部产业移入提供了良好的人力资源环境，有利于产业的顺利转入。产业转移与应用型本科教育之间存在着互动关系，主要表现在产业转移影响应用型本科教育专业结构及地区分布。反过来，应用型本科教育专业设置更加合理、办学地域不断扩大，为产业顺利转移提供了良好的基础，为产业在本地迅速发展壮大提供劳动力和技术上的保证。但是专业相近的人才之间具有可替代性及人才的流动性，导致产业转移与应用型教育在专业结构、地区分布之间并非完全对应。

（五）产业布局与应用型本科教育专业的互动关系

产业布局模式对产业的发展会产生两种效应，即产业集聚效应和产业扩散效应。产业集聚（也称产业集群）是指大量相同或相关企业按照一定的经济联系集中在特定的地域范围，形成一个类似生物有机体系统的产业群落。产业集聚对系统内的企业具有很多好处，比如可以提高生产率、刺激创新、形成产业品牌等。产业扩散是指当产业集聚到一定程度后向周边地区扩展的形式。产业之所以向周边地区扩散，一是由于集聚体本身有一个生长的过程，随着其范围的扩大，周围地区不断被囊括到集聚体内，成为集聚体的一部分。二是由于集聚过度而导致的规模不经济，生产及经营成本上升，从而导致产业向外扩散。

1. 产业集聚与应用型本科教育专业互动

产业集聚的形成往往先是区域内主导产业在某一点上的集中，进而围绕着主导产业，许多相关产业在区域内发展，形成一个以主导产业为中心的产业体系。产业集聚的形成与发展，与应用型本科教育在区域内形成与发展具有密切的关系。

首先，产业集聚促使区域内应用型本科教育的发展。在产业集聚过程中，不单是某一特定产业的大量企业高度集聚，它同时也是一个不断完善的服务体系的建设过程。当一些同类型的企业（通常为主导产业）因为地理因素、政策因素、人文因素等向某个地区集中时，因为规模经济使得区域内该产业的竞争力提高，提高竞争力是产业集聚的内在动力之一，随着这种竞争优势的外显，将会吸引更多的相关企业加入产业群体。随着产业规模的不断扩大，它必然要求建立相应的配套服务设施来支撑产业的进一步发展，比如交通体系的建设、金融机构的介入及教育业的发展。随着产业的发展，产业对劳动力的数量及素质均有更多更高的要求，这些要求会催生教育培训业，尤其是职业教育的产生及发展。其次，集聚的产业群与应用型本科教育专业群的互动。由于产业集聚通常并不仅是某个单一的产业的集中，而是以某一产业（通常是主导产业）为中心的产业群体，因此为了向产业群的发展提供各类合格人才，职业教育的发展也应建立与产业群相对应的专业群。

2. *产业扩散与应用型本科教育专业互动*

产业扩散通常有两种形式，即邻域扩散和等级扩散。邻域扩散是指经济要素从中心极核点（地带）向周边地区逐渐铺开，依次扩散。等级扩散是指经济要素从中心极核点（地带）优先向下一级中心极核点（地带）扩散，可能会跨越一定的空间向较远的地区扩散。产业向哪个方向扩散首先取决于技术因素，其次是成本因素。技术含量高的产业往往是采用等级扩散向技术梯度差较小的方向扩散。如微电子技术从美国传到日本。技术含量较低的产业往往采用领域扩散，如上海市的简单加工业向长三角地区扩散。对于一些技术含量较低的产业，由于往往采用的是邻域扩散的方式，这种方式常见的是产业由某个中心城市向其周边城区的扩散，带动周边地区经济的发展。随着产业向周边城区的扩散，为了服务于这些城区产业的发展，应用型本科教育便会顺势而生。这样通过产业向周边的扩散，应用型本科教育的覆盖面也会越来越广。对于一些技术含量较高的产业，由于往往采用的是等极扩散的方式，即由一个极点向另一个存在一定技术梯度差的极点扩散。例如 A 国（地区）向 B 国（地区）的扩散，当产业进入 B 国（地区）后，为了满足产业发展所需的技术，B 国（地区）的职业教育在专业设置上将会有所突破。另一方面，应用型本科教育的适度超前发展将使本地区形成一定的技术基础，这样对于发展外地扩散来的产业，不论是邻域扩散还是等极扩散都将具有优势。产业布局与职业教育的互动是通过产业布局而产生的两种产业效应实现的，即产业集聚效应和产业扩散效应。这两种效应对职业教育在某一地区的形成与发展，对应用型本科教育的专业设置及应用型本科教育的分布都会产生影响。应用型本科教育的发展反过来又促进产业集聚规模的扩大，吸引外地产业向本地扩散。

三、产业人才需求变化对应用型本科专业集群建设的影响分析

影响应用型高等教育的市场因素很多，有生源市场、资本市场、资源市场、人才市场，等等。而其中最重要的是人才市场。人才市场需求是应用型本科教育专业设置的指挥棒。其对应用型本科教育专业设置的影响有以下三方面：一是市场对专业技术人才的需求，即能提供的就业岗位，也表明对专业人才的需求程度；二是市场对专业能力的需求，它决定着专业的人才培养目标和专业人才培养规格；三是学生对专业的需求，生源是一个专业必不可少的要素之一，没有充足的生源，专业难以维持。应用型本科教育在设置专业时必须将三者协调起来统一考虑。

（一）人才市场内涵及其历史演变

从某种意义上讲，人才市场的需求对应用型本科教育的发展具有决定性作用。发展应用型本科教育必须考虑学生的充分就业，这是衡量应用型本科教育成功与否的关键。如果学生不能充分就业，就是教育资源的极大浪费，应用型本科教育也难以生存和发展。毕业生能否充分就业，主要取决于产业人才需求，最终反映在人才市场上。

1. 人才市场的内涵

人才市场又称劳动力市场、劳工市场、职业市场、就业市场、求职市场、人力市场等，是指劳工供求的市场。奥地利著名经济学家路德维希·冯·米塞斯（Ludwig Von Mises）认为，“市场不是一个地方、一件物品或一个联合的集体，市场是一个过程，它是由劳动分工条件下相互合作的个人行动来驱动的”。据此可以认为，所谓人才市场，是从事劳动力商品交易的个人的总和，是雇主和雇员通过契约（劳动合同）达成交易，从而实现人力资源配置的过程。从某种意义上说，人才市场是蓄水池，具有对人力资源的存储功能。人才市场是过滤器，具有对人力资源配置的调节功能。人才市场又是晴雨表，具有对人力资源需求的监测功能，对以就业为导向的应用型本科教育发展影响巨大。

2. 我国人才市场的历史演变

改革开放以来，我国的就业制度经历了一个由“统包统配”向人才市场转变的过程。人才市场形成的过程可以分为两个阶段，即人才市场的萌芽期和人才市场的发育期。

人才市场的萌芽期。1993 年 11 月，中共十四届三中全会第一次鲜明地提出了“劳动力市场”的概念，在此之前，中国处于计划经济体制下，在理论和实践上都不存在劳动力市场。虽然 1978 年中共十一届三中全会后，

开始尝试对经济体制进行改革，如 1986 年国务院决定改革企业用工制度，在全国企业中实现劳动合同制，但是由于传统思想的束缚和认识上的局限，并没有建立起真正意义上的人才市场。随着改革开放的逐步推进，人才市场的研究和培育逐渐在理论和实践中得到重视。一些理论工作者提出“劳务市场”和“劳动力市场”的概念，标志着中国劳动制度开始转入市场化轨道。但实际上在这个时候，许多人把“劳动力市场”看成是不能轻易逾越的禁区，并没有把劳动力市场的本质研究展现出来。

人才市场的发育期。1999 年，中国加快了向市场经济转型的步伐。在商品市场、资本市场发展的同时，一个有限的劳动力市场初步形成。劳动力配置方式也逐渐由传统的计划配置向市场配置转变。地方院校的毕业生不再实行统包分配，其原来的就业和社会地位优势逐渐消失。不仅如此，同年开始的高校扩招又使职业教育境况进一步恶化，招生规模急剧下降，报考人数锐减，新生报到率大幅降低，在校生流失十分严重，一些不适应劳动力市场需求的专业也因生源缺乏而被迫取消。“生源缺乏，质量下降，教学资源浪费严重”成了本科教育的症结。从一般本科教育来看，由于没有及时根据经济结构、产业结构对人才需求的变化做出适时调整，地方院校毕业生的结构性失业非常严重。随着改革开放的不断深入，中国劳动力市场的市场化程度虽然不断提高，但却存在明显的分层，即存在主要人才市场和次要人才市场。地方本科院校尽管在国家的大力提倡和推动下规模显著扩大，但其对普通高等教育的比较优势并未显现，在劳动力市场上的实际地位和竞争力并没有显著提升。

（二）人才市场需求与应用型本科教育的互动

人才市场对应用型本科教育的影响。人才市场需求的旺盛与否，决定着应用型本科教育的办学规模和发展速度；劳动力市场的人才需求类别，决定着应用型本科教育的专业设置；劳动力市场的人才需求规格，决定着应用型本科教育的发展层次；劳动力市场的人才岗位需求，决定着应用型本科教育的教学内容。劳动力市场是变化的，是动态性的，应用型本科教育必须主动适应这种变化。一是经济社会的发展，使劳动力就业市场的人才需求规模在不断变化。经济发展速度快，市场对人才的需求就旺盛；经济增长速度慢或者出现衰退，市场对劳人才的需求也就相对减少，甚至会出现大量失业。二是产业结构的不断调整，劳动力就业市场的职业岗位类型的不断变化对不同类型的人才产生了新的需求。三是随着科学技术进步，劳动力市场的技术结构在不断升级，使技术岗位由应用转向创新，对人才的素质要求越来越高。四是劳动力市场人才的流动性，劳动者在不同区域、不同行业和部门间的自由流动越来越大。就业空间的扩大，劳动者对就业岗位的选择性逐步增大，对学习的需求更加多样化。正因为劳动力市场的这些变化，应用型本科教育的办学就必须充分考虑这些因素，使培养的人才能够适应市场需求，使毕业生能够充分就业。劳动力市场的需求要成为应用型本科教育发展的重要依据。

1. 劳动力市场需求与地方普通本科院校的专业设置的互动

地方普通本科院校应从当地产业发展实际出发，建立一个以市场为导向的开放性的专业调整系统，尽快建立与本地区支柱产业、优势产业相适应的特色专业体系，主动适应社会经济发展需要及当地产业结构的优化调整，形成适应区域产业发展的专业体系，从而进一步突出学校的定位特色和竞争优势。同时，为了充分发挥劳动力市场的导向作用，优化学校教学资源配置，强化专业建设为当地经济服务的功能，要瞄准市场与产业结构调整的走向，适时构建结构合理、特色鲜明的专业结构体系。

2. 专业设置根植于劳动力市场的客观现实环境

一个学校生命力的源头是市场，是人才需求的显在与潜在的市场。而适应市场的唯一途径是专业选择及其建设。专业选对了，招生和就业市场两旺，学校规模、质量、效益就会得到协调发展；专业选错了，教育资源就会形成极大的浪费。专业设置是应用型本科教育教学活动的起点，专业设置是否合理，直接影响地方普通本科院校的招生、学生的培养及毕业生的就业与创业，将在很大程度上影响地方本科教育的人才培养质量。因此必须以市场为导向构思专业设置和人才培养计划，在广泛调研的前提下，组成有行业、企业、学校参加的专业指导委员会，对劳动力市场的人才需求及发展前景、当地经济发展战略包括产业政策进行认真分析、预测，据此进行职业分析，在对影响专业设置的诸多因素进行论证的基础上，调整专业结构，尤其要注重发挥政策研究机构、产业部门、社会中介评估机构在职业院校专业设置中的作用。

3. 地方普通本科院校专业结构要与专业技术人才需求吻合

根据国际劳工组织的观点，在劳动力市场上，“高技术并不总是必需的，而不同的各种技术却是绝对需要的”。从我国社会经济发展现实来看，劳动力市场需要的并非都是高水平人才，而是需要不同技术水平的劳动力。地方院校教育应该培养不同层次的劳动力群体，才能满足劳动力市场对不同层次知识技术型劳动力的需求。应用型教育唯有满足劳动力市场对技术技能型人才需求的多层次化需要，其层次结构才能发展完善。随着科学技术知识的快速更新，劳动力市场对人才质量的需求也日益提高。从目前来看，我国劳动力市场的技术需求趋于多样，在同样本科教育中不断分化出不同类型的技术需求，进而形成更加多样的社会职业。为适应职业结构的不断分化，以及技术型人才专业化程度的不断提高，应用型本科教育的专业结构也应相应发生变化。在应用型本科教育规模扩大、层次结构趋于完善的同时，灵活地调整不同学科与专业的招生规模，增设新的专业，才能适应劳动力市场对技能需求的多样化。应用型本科教育专业结构唯有在整体上适应人才市场调整变化的需要，适应知识体系发展的需要，才能步入良性发展的快车道。

人才市场技术需求弹性化是指就业者通过各种教育和训练方式获得一定的技术水平，或者提高、更新已有的技术水平。换言之，技术需求弹性化是就业者获取技术途径的多样化，是由技术变革和劳动力市场变化要求就业者不断更新技术而引起的。在当今信息时代，技术变革速度加快，职业与工作流动性增强，劳动力特别是高层次劳动力的技能发展成为一个终身的过程而非一次性过程。根据人力资本理论的观点，技能发展增加了人力资本，提高了劳动生产率，就业者也相应获得更高的工资。所以，为了在未来获得更高的经济收益，就业者就会通过各种教育和培训途径来更新或提高自己的技能。劳动力市场处于不断发展变化之中，就业者所需的职业能力也需不断更新，因此就业者在其职业生涯中必须持续不断地接受职业教育和培训。我国只有创建一个内容丰富、层次合理、形式多样的职业教育系统才能对劳动力市场不断变化的技能需求做出弹性、及时、有效的反应。

高等教育的发展表现为不同的层次、类型和形式。当应用型本科教育与劳动力市场的技术需求相匹配时，人力资本的效应才能得到充分发挥，劳动生产率才会得到进一步提升。从技术需求的角度看，应用型本科教育层次结构、专业结构和形式结构的变革应分别适应技能需求多层次化、多样化和弹性化的需要。当然，在强调应用型教育市场导向性的同时，我们还必须考虑劳动力市场调节的失效性，必须重视政府在发展应用型教育中的主导作用。应用型高等教育目前还相对薄弱，完全依赖市场调节是难以充分发展起来的，这就特别需要政府加强统筹和协调，比如把应用型本科教育纳入经济社会的总体规划，办好卓越工程教育，对一些特殊专业，特别是农业类专业实施保护，制定强有力的政策措施，加强督导评估和执法检查等。

第二节　影响应用型本科专业集群建设的内部因素分析

影响应用型本科教育专业集群的内部因素主要有教师队伍、课程资源、教学条件和学生的发展等。“专业”这一概念带有很强的实体意味，这种意味来源于专业背后三大类实体的存在，即由同一专业学生所组成的班集体、教师组织（与专业同名的教研室），与教师组织相连的经费、教室、实验室、仪器设备、图书资料及实习场所等。除此之外，还有专业教学必不可少的一系列课程体系。所以，专业系统内部就有专业中的人、课程体系和专业教学资源等构成要素，每一构成要素相互作用、相互促进，影响着专业建设。

一、教师队伍在专业建设中的地位和作用

教师队伍在教育发展中具有举足轻重的作用。教师是专业教学计划的执行者，教师的职称结构、年龄结构及生师比对专业教学和人才培养质量影响重大。没有高素质的教师就不可能有高水平的教学质量。应用型普通本科院校开设新的专业，必须要求具有熟悉该专业理论和实际操作能力的教师。现在国家提倡理论和实践一体化教学，要求教师既是讲台上讲课的好教师，也是本专业实践操作的技术能手。

（一）教师队伍是专业建设的必要条件

教育部明确规定，本科院校要具备完成所开设专业教学任务所必需的教师队伍、教学辅助人员和相关行业、企业兼职专业教师；具有中级以上专业技术职务（职称）、从事该专业教学的专业教师，行业、企业兼职教师应保持相对稳定。全国各省市也都在地方普通本科院校专业设置管理中对专业教师的学历、职称、数量等做出了明确的规定。合理的专业教师学历结构、职称结构、数量等都是专业建设的必要保障条件。对于地方本科院校的品牌专业建设和专业集群建设来说，还必须对专业带头人的水平和数量提出具体的要求。

（二）专业教学要求教师素质的双师型

应用型本科教育是对受教育者所进行的专业知识、专业技能和专业素质的教育，既包括专业理论教学也包括专业实践教学，培养的学生既需要掌握专业知识，也需要具有较强的实践操作能力，专业教学要求应用型人才教育的教师既具有理论教学能力，又要具有一定水平的实践操作能力。因此，应用型普通本科院校的教师必须具有双师素质。“双师型”专业教师

的首要任务是教学，除了必须具备普通教师应有的素质（即能掌握教学规律、有处理教材的能力、较好的语言表达能力、课堂组织协调能力和对学生管理的能力等）外，还应具备不仅能胜任相关专业多门学科的教学工作，掌握现代教育的理论知识，教学中能以学生为主体，因材施教，积极从事教育教学的研究工作，具有应用现代化教育手段进行教学的能力（如多媒体课件制作等），培养将高新科技转化为生产力（包括管理能力、服务能力）的应用型人才。

（三）专业建设要求教师队伍结构的双元性

应用型本科教育是针对就业岗位的教育，主要任务是培养应用型专业技术人才，需要通过工学结合、校企合作，掌握先进的产业技术，熟悉企业生产工艺流程，了解行业发展动态，加强应用型教育与企业实际的有效沟通。因此，应用型本科教育的教师队伍不仅要有专职的教师，也要吸收企业的工程技术人员、高级技术人才作为兼职教师，参与专业教学，应用型教育的教师队伍必须是专兼职结合的。

二、专业课程体系对专业建设的重要性

专业的形成基于其独特的知识体系。课程是专业知识体系的外在表现，也是一个专业的本质特征。应用型本科教育课程体系包括理论课程体系和实践课程体系，但是，不管是理论课程还是实践课程，知识和技术的简单堆砌构不成专业，专业所需要的课程是有序的，结构化课程是专业形成的唯一方式。因此，专业课程内容的整合和重组的可能性和合理性对专业教学影响重大。

（一）以专业人才培养目标来确定课程

在应用型本科教育专业课程的实践中，根据应用型本科教育的人才培养目标，合理整合技术、知识，组建课程意义重大。如果课程数量太少，学生的选择性就太少，专业出现雷同，难以形成特色；而且如果课程数量太少，许多热门的专业徒有一副空壳子，学的多是传统专业的课程，专业难以发展。澳大利亚联邦政府规定，应用型本科教育课程的开发由行业根据全国统一的职业框架体系，制定本行业的职业标准和相应的培训标准，集成培训包，作为各 TAFE 学院开展职业教育和培训的依据。各 TAFE 学院和培训机构需根据培训包的要求设置课程，组织实际教学工作，并对毕业生和受训者的学习结果进行考核。由此可见，应用型人才教育课程开发不但需要地方院校与企业共同在确定人才培养规格的基础上进行，还需要与企业积极合作，使企业直接参与课程的具体实施和评价。要保证课程内容

体现应用性，必须使行业、企业专家技术人员共同参与课程建设的全过程，才能使社会、行业、市场对人才的需求及时反映到课程体系中来。

（二）依托行业企业开发专业课程

由于应用型人才教育的特殊性，课程开发的全过程必须依托行业和企业。行业和企业应成为应用型教育的重要组成部分，成为地方本科院校课程开发的一支重要力量。尤其是在岗位工作任务调研与典型工作任务归纳、行动领域确定、课程内容设置等方面，必须要征求行业企业专家的意见并进行论证。建立行业企业主导的课程开发机制，是我国应用型本科教育一个重要而急需解决的课题。

（三）科学处理文化基础课和专业课的关系

应用型本科院校课程体系改革的目标是培养生产、建设、管理、服务第一线需要的应用性技术型人才，是一种能直接上岗的应用性人才，因此，在课程设置时要把握文化基础知识以“必需、够用”为度，专业知识强调针对性和实用性，要充分考虑与地方经济紧密结合。

（四）课程设置应从学生就业方面考虑，并结合区域的企业需求

因为地区、行业的发展水平不一，企业之间所拥有的装备和所应用的技术在技术含量和应用水平上就会有一定的差异。因此，因服务面向目标的不同，不同职业院校的同一专业在课程内容上存在着一定的差异。课程的设置一方面要与学生的就业相结合，另一方面也要激发学生的学习兴趣，因此在课程设置时应充分考虑学生的学习兴趣，使学生在该专业的主干平台课程学完后，可以结合自己的就业方向来选择适合自己的专业核心课程。

（五）专业技术课程内容必须是一种综合结构

在设置专业课程时以毕业生应具备的技术应用能力为主线重组课程内容，冲破原有课程（甚至学科）体系，删除陈旧的、与专业培养目标相距过远的课程内容，增添新知识，围绕学生的就业方向，设置4～5门核心课程，一方面在理论教学的学时安排上加以强调，另一方面要与实验、实训相配合，使学生通过核心课程的设置，进一步了解本专业的培养目标和就业方向，从而形成具有行业特色的应用型本科教育综合课程。

（六）以专业技能培养为中心，建立实验实训课课程体系

以校内外实验、实训基地为基础，部分课程到企业去完成。学习环境与工作环境相结合，部分课程到实验、实训基地完成，学习环境模拟工作环境，提高学生社会实践能力，走产学合作的道路。采用项目化教学，结合周边企业的需求，针对企业所需的人才，对学生进行相关课程的重点介

绍，并进行相应的实习、实验、实训，使教学和企业的需要紧密结合，为企业培养所需的人才，同时也解决了学生的就业问题。

（七）课程设置应遵循应用型大学的国际教育标准

在考虑课程设置时要遵循联合国教科文组织《关于国际教育标准的分类的建议》的框架。高等学校分为三种基本类型：学术性研究型大学；专业性应用型的多科性或单科性的大学或学院；职业性技能型院校（高职专业）。其中，专业性应用型课程建设理念为结构主义课程理念，关注学生对高深学问的自我意义建构，注重培养学生在复杂不确性环境中对高深学问的理解能力和运用能力，课程体系从“层状”转向“网状”，以“意义建构”来组织课程，强调学习共同体和实践共同体对于意义建构的重要作用。

三、实训基地建设对专业建设的影响

应用型本科教育的教育资源不仅是专业设置的基本条件，同时也是专业建设水平和专业办学的基础，在设置专业时必须充分考虑现有的资源条件及一切可以利用的资源。应用型本科教育主要培养的是应用型人才，操作性要求很强，对专业教学资源的设施要求较高，不仅包括学校内部固有的物质资源，校舍、场地和充分、先进的实习与实训设备必不可少，还应包括本地区可以利用的社会资源，如企业、行业提供的专业教学设施、设备、实训场所等。没有必要的资源条件，专业就成了无水之源、无本之木，其中特别重要的是实训基地建设，这是培养学生实际操作能力、提高教学质量、彰显办学特色的基本保证。

实训基地是提高应用型普通本科院校学生培养质量的关键环节。实训基地是应用型普通本科院校锻炼学生实际操作能力、培养学生职业素养的基础平台，是提高教学质量、彰显应用特色的硬件依托，承载着实践教学、职业训导、研发生产、职业技能资格鉴定等功能。建设装备水平高、市场需求大、机制灵活、效益突出的实习实训基地，是应用型本科教育从根本上进行转型和提升的重要举措。从资金来源、建设、管理责任的归口上看，我国地方普通本科院校的实验实训基地建设模式主要有两种：一是以学校为主建设的校内实验实训基地；二是与企业共建的校外实训基地。由于区域性建设思路不一，地方普通本科院校自身资金有限等原因，校内实习实训基地总体呈现出利用率低，重复率高，建设层次、格局单一，装备水平落后于生产实际等缺陷；校外实训基地的建立过分依赖企业自身对应用型教育的参与和支持热情，缺乏明确的制度性保障，往往又不太稳定。投入与实效不成比例，成为制约实训基地作用发挥和专业教育特色形成的障碍与瓶颈。促进实训基地建设集约化，助推应用型教育又好又快发展，必须强调统筹兼顾，用科学的方法组织要素，从建设区域共享型实训基地入手。

政府牵头，依托院校，整合企业资源，合力建设共享型实训基地。共享型实训基地的建设是在充分考虑区域经济产业及各院校的专业实际的基础上，抓住特色，突出重点，面向应用型本科教育、技术人才培训、企业技术改造和技术创新，通过最大限度的资源共享而形成的技术型紧缺人才的培养培训基地、社区教育和服务的窗口、校企合作的载体、产学结合的平台。中央、地方政府在设立专项资金的同时，可以对不同性质、不同用途的实训基地进行定位，明确主次，统筹安排。其宏观指引和资金支持有利于各地方院校找准着力点，根据实际情况提出合理的建设思路。

在此基础上，地方普通本科院校一方面需要根据实际情况确立重点，集中人力、财力、物力建好特色实训室、实训车间；另一方面，应当积极引入企业资金、设备和生产线，增强实训基地建设实力，并通过为企业提供培训场地和师资、合作研发生产等方式，实现资源互换、效益共赢。建设共享型实训基地，首先必须整合利用专业内的资源，打破各专业教研室自建实训室的陈规，避免相近专业重复购置实训设备。应用型普通本科院校要从长远的办学和人才培养目标出发，在满足各专业实训需要的基础上，对市场竞争力大、发展潜力明显的专业进行重点建设，以高水平的实训环境保证教学质量提高，推动特色专业的建设与发展。实训基地建设必须遵循仿真性、先进性和通用性原则。为了让实训设施设备更加贴近生产实际，实训空间更加贴近企业环境，实训基地能够更有效地满足更多人的技术培训要求，一方面，政府可组织行业、企业、院校相关专家进行科学论证，制定实习实训基地建设的统一标准和规范；另一方面，符合建设条件的地方本科院校可邀请教育厅领导、行业和企业技术专家、兄弟院校代表，共同研讨、确定实训基地的建设方案，最终达成科学合理的共识，指导建设功能齐全、辐射周边的共享型实训基地。一个应用型普通本科院校的实验实训基地建设涉及不同行业和专业，不仅修建车间、购置设施设备和其他辅助物资需要一次性耗费巨额资金，建成以后基地的运转以及对生产发展的跟进也需要大量追加投入。如何在控制投入的前提下，保证实验实训基地正常运作，并紧跟生产市场的变化发展？应用型本科院校要切实转变实验实训基地只是一种教学消费的观念，变技能型、消耗型实训基地为生产型、积累型实践场所。实训基地追求高仿真性，越真实的职场环境，越能使学生掌握必要的专业技术，形成应有的职业情怀。其中，企业获取利润必须承担的社会责任，以及企业参与市场竞争的巨大压力是在地方普通本科院校层层保护下的实训基地所不能体验到的。校办工厂将实训基地建设看成是“投资创办企业”，关注使用效能和经济效益。应用型普通本科院校可以专业集群为单位，独立或与企业共建生产线、生产车间，进而建立校办工厂。引进完整的生产线，接受企业订单生产成品或承担某道工序，打破了应用型院校和企业的分割，有利于学生思想习惯、实践行为职业化，加速知识转化为生产力的过程。同时，生产型实训基地的“造血功能”减轻了政府、学校的经济负担，利润回报不仅可以支撑成本消耗，维持基地运作，甚至获得更新实训硬件、工艺和自主开发项目的盈余。与校企合作单位提供的校外实训基地不同，生产型实训基地不应看成是企业生产车间的简单重现和工艺流程的完全复制，而应当同时遵循生产和教学规律，根据专业岗位群指向确定学生必须具有的专项技能和综合素质，结合专业培养目标精心设计生产型实训基地的建设目标和具体方案，将生产与教学、知识与技能融合。学校、培训中心、企业三位一体的成熟范例是新加坡的“教学工厂”模式，它的精髓在于推行产学结合，把教学和工厂紧密结合起来，把学校按工厂的模式办，把工厂按学校模式办。换句话说，学校是工厂，工厂也就是学校，给学生一个完整的工厂环境，让他们通过生产学到实际知识和技能，真正实现学习和就业的无缝对接。教学工厂虽然是把整个学校当成企业来办，将实际的企业环境引入教学环境之中，并将二者有机融合，但这个工厂的支点仍然是学校，是在教学系统（包括理论课、辅导课、实验课和项目安排）的基础上设立的。

四、整合影响专业集群建设因素的基本思路

（一）建立应用型普通本科院校专业集群建设战略管理的先进理念

必须改变专业设置的传统方法，改变仅将专业作为办学载体的简单认识，全面、深刻地认识以重点专业为核心的专业群建设是应用型普通本科院校实施管理模式与发展理念的战略变革与创新，本质上是应用型本科教育对产业发展要求的主动适应与有效服务，是对应用型教育发展规律的全局、前瞻、长远特色的深刻认识。应用型普通本科院校的决策者与管理者必须建立起战略管理的先进理念，掌握战略管理的方法，建立产业集群、产业链的动态研究机构和专业群规划研究机构，紧紧追踪区域或行业的产业发展动态，规划、实施应用型普通本科院校的专业集群建设，以专业集群建设为核心，实现以应用型普通本科院校内涵建设为重点的全面发展。

（二）建立适应专业集群建设要求的创新型组织

地方应用型普通本科院校必须改变以专业、系部为主体的传统管理组织模式，按照专业集群建设的特点与规律建立与之相适应的建设与管理组织。打破传统的专业樊篱，建立专业间的内在联系与沟通。一是建立重点建设专业的遴选制度，跟踪区域和行业的支柱产业制定重点建设专业规划；二是建立专业集群规划机制，紧紧跟踪区域和行业的支柱产业及相关产业发展，对应规划建设相应的专业集群，整体制定专业集群建设的规划；三是建立专业集群负责人制度，由专业集群负责人组织专业集群的规划、资源配置、课程开发及专业间的协调与联系；四是改变传统的专业管理模式，相近、相关专业组建大教研室，建立专业集群教研与教学实施的相应组织；五是引入行业企业参与专业集群建设的战略资源，使行业企业成为专业集群的规划主体、建设主体、受益主体，改变地方普通本科院校闭门研究专业建设的传统模式；六是按照专业集群建设规划开展相关的组织建设与机构设置的研讨研究。

（三）建立适应专业集群建设要求的创新性共享型教学资源

一是围绕专业集群建设与开发以同一支柱产业为服务对象的共享型课程，包括公共类课程和部分专业类课程；二是围绕专业集群构建有突出能力和专业特色的“双师型”师资队伍，紧紧围绕专业集群的目标规划专业教师的职业生涯方向；三是与行业企业专家共同建设覆盖专业集群的专业集群建设指导委员会，指导、规划与产业发展相衔接的专业集群建设；四是建立支持专业集群人才培养与实践教学的校外实训基地，提高校外实训基地的综合利用，也提高应用型普通本科院校专业技术型人才培养的综合素质；五是加强综合性课程的开发和复合型能力的培养，提高应用型本科学生的综合职业能力。

（四）创造适应专业集群需要的综合实训条件

建设适应专业集群建设需要的实训基地就要打破传统的以专业为核心的条块分割、缺乏系统性和低利用率的实训条件建设模式，整合实训资源，提高实训基地的系统集成功能。一是按专业集群建设要求规划建设适应的综合性实训基地，以重点专业实训条件建设为核心，按照产业延伸和产业链要求规划系统化、综合性、现代化的功能强大的实训条件；二是改变实训条件的部门隶属和条块分割，按照专业集群运行的需要制定管理制度与管理模式，全面提高实训条件建设水平和利用水平；三是建设一支有较强训练能力的实训指导教师队伍，特别是要引入合作企业有实践经验的技术专家参与实训，提高实训的实用性与实践性；四是按照规划建设覆盖专业集群综合性特点的要求，建设校内生产性实训条件，在真实生产的条件下，实现专业集群综合性技能训练目标。

（五）建立与专业集群建设相适应的应用型本科学生素质教育体系

提高应用型本科学生的综合职业素质是专业集群建设的重要目标之一，也是专业集群重要功能，更是培养具有创新意识和创新能力的新型技术型人才的应用型本科教育基础性产业的核心要求。一要以专业集群为对象设计覆盖全程和全领域的实践教育活动，帮助学生实现“应用型本科学校学生—预备技术人才—毕业实习—就业应用型岗位”发展过程必需的实践意识和实践能力，及时实现角色转换与实践能力的提升；二要掌握专业集群领域内的相关专业知识，突出掌握一项到几项专业核心技能，做好就业准备；三要按照公民社会的建设要求培养学生良好的公民素质和规则意识、诚信意识、发展意识，适应未来社会职业发展的要求；四是开展丰富多彩的实践性文化活动、艺术活动及大量开放式讲座，开拓学生知识视野，培养良好文化艺术修养，帮助学生建立积极的职业态度和强大的发展动力；五要扩大面向社会、面向行业企业、面向域外境外交流的机会，培养具有开放意识的技能劳动者，适应经济发展的全球化与区域化，建立应用型教育发展与职业选择的现代理念。地方普通本科院校专业集群建设是管理的战略创新，是新时期高等教育改革的重点领域，必须按照“优化行业结构，提升技术结构，改善组织结构”的要求，深入研究专业集群建设规律，以优化院校专业结构为核心、以提升课程功能结构为重点、以建立适应专业集群建设的组织结构为保障，才能提升院校核心竞争力，全面实现内涵建设目标。专业集群建设是应用型普通本科院校人才培养长期积累和积淀的过程，通过不断强化专业集群建设，应用型普通本科院校的长期生存和发展才能够有可靠的保证。所以应用型本科院校的建设和发展必须高度重视专业集群建设。地方普通本科院校的领导者要有宏观的视野，要认真分析影响因素，对专业的增减和专业集群的构建要有长远的规划，有的放矢地重点打造有自身特色的几个专业集群，以形成学院的品牌优势，实现特色办学。

改革开放以来，产业集群发展已经逐步成为我国经济发展的重要推动力量，是提高我国各省区乃至国家竞争力的必然选择。发展产业集群是当今区域经济发展的新趋势，并已经成为经济发展中的一个亮点。同时，产业集群的发展也对人才的需求提出了挑战。应用型本科教育作为专业技术型人才的培养主体，必须紧密对接产业集群建设对人才需求，适应产业集群的发展需要，调整专业设置为产业集群发展战略提供人才支撑和服务。

第三节　“1＋3战略”下江苏地区经济协同发展的路径选择

苏南、苏中、苏北的发展都到了一个新的平台上，江苏的经济地理格局也发生了深刻变化，对发展格局进行重构，搭建新的战略载体，实施重点功能区战略，把全省分为几个大的功能区，即“1＋3”的功能区：所谓“1”，就是在江苏沿江两岸打造扬子江城市群，涵盖江苏南京、镇江、常州、无锡、苏州、扬州、泰州、南通沿江八市，作为全省二、三产业尤其是工业经济的主战场，作为全省经济发展的主动力；所谓“3”，一是在连云港、盐城、南通的沿海区域，发展临港经济，建设沿海经济带；二是依托宿迁、淮安及苏中北部部分地区打造江淮生态经济区，重点是沿洪泽湖、高邮湖、骆马湖的生态经济区建设，要将其打造成江苏最有生态价值、生态优势、生态竞争力的地区；三是把徐州建设成为淮海经济区的中心城市。“1＋3”功能区建设，就是要在全球性经济发展步入要素分工的新阶段，主动打破苏南、苏中、苏北三大板块的自然地理分界和固有行政壁垒，从更加开阔的视角、尊重市场机制的思维和落实生态环境保护的要求来谋划江苏区域长远的发展，打造新的区域功能格局，从而以新的发展布局带动全省发展优势的重塑，促进各地立足不同的基础条件和资源禀赋，转变发展思路，探索发展新路，实现行政区经济向功能区经济转变、区域同质竞争向协同发展转变，加快高端要素聚集，深度参与全球性价值链分工。显而易见，“1＋3”功能区的设立，并不是三大区域的简单相加，而是建立在放大优势、强化功能、彰显特色的基础之上，通过生态水系、功能特色、基础设施、体制机制的链接，形成一个功能互补、协调联动、融合融通的江苏发展共同体。

新的战略，需要新的思维、新的理念、新的路径和新的举措。在经济全球化的大背景下，在绿色发展的大潮流下，在国家大的主体功能区布局下，在全省统一的一盘棋中，江苏各地各部门将按照“1＋3”功能区建设的要求，跳出原有的区域局限和路径依赖，更好地谋求校准发展定位，聚集发展重点，支持构建以创新为驱动力的发展方式、产业体系，支持全省形成基础设施互联互通、资源要素优化整合、生态环境共建共享、产业发展升级转型、社会事业统筹推进的空间新格局，支持全省进一步拉缓区域发展梯度、促进区域协调发展，铸造江苏更强大的整体竞争力。

江苏省供给侧推动力有所增强，需求侧拉动力逐步上升，一些主要经济指标出现积极变化，经济发展保持稳中有进、稳中有好态势。但目前国内外宏观环境仍然错综复杂，结构性矛盾较为突出，经济下行压力较大。下一阶段，江苏省上下要认真贯彻落实中央和江苏省委省政府决策部署，坚持稳中求进工作总基调，牢固树立创新、协调、绿色、开放、共享五大发展理念，在适度扩大总需求的同时，扎实推进供给侧结构性改革各项工作落实，抓紧培育新兴动力，改造提升传统动力，努力巩固经济稳中向好的发展势头，促进全省经济持续健康发展。为此，江苏省委、省政府制定了区域经济发展“1 +3”重点功能区战略，大力推动产业集群发展，提升区域经济竞争力，建设富庶、文明、幸福新江苏。

一、江苏“1 +3”重点功能区战略

扬子江城市群侧重于集群发展、融合发展，作为全省经济发展的“发动机”；沿海地区主攻现代海洋经济，是潜在增长极；徐州通过建设淮海经济区中心城市，拓展江苏发展纵深；江淮生态经济区重在打造生态竞争力。各大功能区域板块各有侧重，从而形成一个全省域开放融合、协同发展的大生态系统。

（一）扬子江城市群辐射融合战略

“十三五”期间，江苏省深入实施创新驱动发展战略，以创新驱动进一步引领江苏经济转型升级的重点。

具体来说，扬子江城市群中江南五市大部分地区和江北三市城区是国家级优化开发区域，江北沿江地区是省级重点开发区域，这两类区域的主体功能定位就是承载工业化和城镇化开发的核心区域，省委、省政府提出扬子江城市群是江苏工业经济的“主战场”和经济发展的“主动力”，更加丰富了这一地区的主体功能内涵。沿海地区是国家层面的重要战略区域，位于东陇海线的连云港市区是国家级重点开发区域，盐城和南通市区及沿海港区是省级重点开发区域，“1 +3”重点功能区战略指出在连云港、盐城、南通建设沿海经济带，主要发展沿海经济、临港经济，不仅符合主体功能要求，也更好地体现了国家沿海开发、陆海统筹的战略意图。除淮安和宿迁市区外，苏北京杭运河沿线和环洪泽湖、高邮湖、骆马湖地区全部为省级限制开发区域，主体功能定位是农产品主产区和重点生态功能区，主要任务是增强农产品和生态品生产能力，这也是“1 +3”功能区战略打造生态经济区的初衷和目标。徐州是国家级重点开发区域，按照主体功能

定位要提高对周边地区乃至中西部的影响力，“1+3”重点功能区战略进一步明确了徐州淮海经济区中心城市的战略定位，有助于切实发挥徐州对淮海经济区的引领辐射作用。可以说，“1+3”重点功能区战略是依据当今发展环境和当地资源条件提出有效的发展路径，把主体功能区规划的要求深化细化、落到实处，这样就使得江苏的主体功能区战略在实施层面更加深入一步，对于缓解资源环境压力、促进人口经济资源环境协调发展具有至关重要的作用。

“1+3”重点功能区战略是江苏站在新的起点上促进区域协调发展的重要抓手。区域发展不均衡不协调，是江苏的基本省情特征，也是“强富美高”新江苏建设急需补齐的突出短板，亟须通过制定合理的区域政策来促进区域协调发展。在“1+3”功能区战略中，扬子江城市群是面上连片开发的区域、沿海经济带是以城区港区为主体的点轴串联开发区域、徐州是点状集聚开发的区域，江北大部分空间作为生态经济区开敞保护，这样就明确了全省开发和保护的区域分工格局，推动各地区差异发展、特色发展、协调发展，校准自己的“角色”定位，从根本上改变苏北产业转移“接受者”、增长竞赛“追赶者”的固化形象，也只有这样，才会形成江苏更强大的整体竞争力。

“1+3”重点功能区战略的实施对政府治理能力提出了更高要求。尽管“1+3”战略给出了经济集中和生态安全的战略图景，但要实现这一蓝图，并规避不同功能区财富累积能力差异带来的社会不公风险，省委省政府需要打好治理政策的“组合拳”。从国际先进经验看，政府的治理手段主要包括空间干预性政策、基础设施连通性政策和公共服务均衡性政策三个方面。

一是空间干预性政策方面，按照主体功能区和“1+3”功能区格局，加快出台配套的人口、投资、土地、财税等差异化区域政策，探索制定各功能区的产业负面清单；加快建立健全稀缺资源、重要农产品的价格形成和补偿机制，有效平衡生态经济区与其他各功能区之间的利益关系；加快完善空间规划体系，推进“多规合一”，促进各类规划协调统一，确保“1+3”重点功能区战略实施中各部门“心往一处想，劲往一处使”。

二是基础设施连通性方面，重点加快盐泰锡常宜城际铁路、北沿江高铁和过江通道建设；以布局城际轨道、加密快速路网为核心，打通中心城市与中小城镇的联系通道；提升内河港口和航运功能，作为苏北农副产品进入苏南市场、苏南生产物资进入苏北腹地的重要通道。

三是公共服务均衡性方面，加快完善省级财政一般性转移支付制度，对生态经济地区的基本运转和社会建设刚性支出进行补助，对生态基础设施建设投入给予支持；鼓励扬子江城市群有条件城市采用资金支持、定向援助、对口支援等各种形式，支持苏北生态经济地区基本公共服务发展；加强区域间基本公共服务制度的衔接，促进基本公共服务在省内无障碍流转。

此外，还需要创新干部政绩考核制度，对于工业化集聚和创新经济为主的地区，要增加发展质量、GDP 和财税贡献的考核，为全省经济增长和财富累积做更大贡献；对于生态经济地区，要淡化 GDP 考核，突出发展质量、生态环境保护、富民增收等指标，把当地领导的注意力和工作重心加快引导到新的发展路子上。

（二）扬子江城市群发展战略

“一体两翼”格局中，一体，即以靠江近的 20 多个县级单位作为实施主体和扬子江城市群的核心区，是江苏二、三产业的主阵地、全省经济发展的主动力、江苏参与国际国内竞争的主战场。两翼，即以宁杭生态经济发展带江苏部分的 7 个县区作为南翼，高邮、宝应、兴化等里下河地区作为北翼，为扬子江城市群插上生态绿色翅膀。

（三）沿海经济带发展战略

沿海地区主攻现代海洋经济，是潜在增长极；打通沿海高速通道，大力发展临港经济和海洋经济，做好全面接轨上海大文章，培育江苏新的发展极，打造长三角北翼经济中心。

（四）江淮生态经济区发展战略

江淮生态经济区有着十分重要的位置。应走出单纯追赶苏南的误区，把生态保护和生态旅游等经济功能开发结合起来，实现由江苏经济洼地、工业经济追随者到全省生态经济探路者、全国可持续发展示范引领者的战略转变。根据规划，江淮生态经济区具体包括淮安、宿迁两个设区市全域以及里下河地区的高邮、宝应、兴化、建湖、阜宁等县（市）。作为功能区中的“生态”担当，生态资源最集中。区域内水面面积达 5 585 平方公里，占区域面积的比重超过 1/5，占全省水面面积近 1/3；湿地面积达 5 652 平方公里，占全省长江以北湿地面积的一半。从土地开发强度看，该区域明显低于全省平均水平，其中淮安、宿迁、盐城均在 17% 以内，低于国际宜居城市 20% 的土地开发强度标准。从区位布局看，江淮生态经济区既是其他区域板块共同的腹地和后花园，也是长江以北地区的“水龙头”，均能为全省提供生态产品。

（五）淮海经济区中心城市发展战略

在重点打造徐州淮海经济区中心城市的同时，实施徐州与连云港的双城联动，将沿东陇海地区（徐连经济带）打造成为淮海经济区中心地带。

二、江苏经济发展与创新路径选择

（一）转变政府职能，推进经济转型升级

转变政府职能必须深化机构改革，由运用行政手段为主转变为运用经济手段为主，经济手段、法律手段和必要的行政手段相结合，由微观管理、直接管理转变为宏观管理、间接管理。由注重计划、排斥市场转变为把计划与市场有机结合起来。政府扮演了生产者、监督者、控制者的角色，为社会和民众提供公共服务的职能和角色被淡化。随着社会主义市场经济的发展，尤其是国有经济布局的战略性调整和国有资产管理体制改革，政府的公共管理职能和国有资产出资人职能分开，政府与国有企业在市场中的角色混淆现象得以改变；非公有制经济的发展迫使政府管理经济方式进行转变；现代产权制度的建立也将使政企不分、政社不分、政事不分的现象有一定改变。但政府对微观经济活动的不当干预与市场竞争秩序维护“缺位”并存，政府规模的膨胀加剧影响了市场交易的顺利进行。

供给侧结构性改革着眼于解决经济增长动力问题。紧紧抓住供给侧结构性改革带来的重大机遇，对于江苏实现转型再平衡、推进江苏经济供需平衡由低水平向高水平的跨越具有重要意义。供给侧结构性改革涉及针对主体的改革、要素的改革和经济结构改革。

主体的改革包括国企改革、创业就业制度改革、政府机构改革、垄断行业改革、司法制度改革和行政审批制度的改革，主要是企业、政府、居民等主体的改革；调动各方面的积极性，优化配置主体的各种权利。

（二）对接中国制造2025，率先建成制造强省

转型发展的政策文件《中国制造2025江苏行动纲要》《关于加快发展互联网经济的意见》《关于发展众创空间推进大众创新创业的实施方案》，按照调高调轻调优调强调绿的要求，做好“加减乘除法”，加法就是发现和培育新增长点，减法就是淘汰落后产能、化解过剩产能，乘法就是全面推进科技、管理、市场、商业模式创新，除法就是提高劳动生产率和资本回报率。

近年来，江苏一直致力于制造转型升级发展，方兴未艾的服务外包产业为江苏在国际产业转移和产业结构调整方面提供了难得的发展机遇。江苏经济和信息化委员会公布的数据显示，2016 年首批被认定为省级服务型

制造示范企业达到52家，苏州的博尔和科达、无锡的双良、常州的今创和徐州的徐工，作为江苏服务型制造的典型代表，在全国层面上进行推广。江苏制造业取得了平稳较快的增长，运行质量不断提高，但仍存在产能过剩、创新能力弱、发展动能不足、产业发展层次低等问题，传统制造业仍然处在价值链的中低端。服务型制造的开展，将成为江苏制造企业转型升级的重要契机，更是“江苏制造”走向“江苏创造”的必经之路。

根据抽样调查结果，目前全省已有约1.5万家制造企业在服务型制造上获得初步成功，另外一些企业也正在逐步完成由制造向制造加服务的模式转换。

（三）转型升级要因地制宜

服务型制造有四种发展模式：供应链延伸服务、产品功能服务、整体解决方案和智能增值服务，这四种模式有别于传统模式，基于“互联网+”背景下的新模式，因地制宜，特色发展。智能增值服务模式，主要依托信息共享服务平台，去中介化，以此来达到降低交易成本的目的，同时响应了供给侧结构性改革下“降成本”的号召，提升了资源配置效率。同时，依托信息共享的增值效应和智能制造的快速响应能力，为客户提供低成本、高效率的专业化服务。在制造业企业原有客户群体和供应链关系的基础上，充分应用大数据、物联网、云平台等新一代信息技术，实现科技、文化等大量资源的对接工作。

（四）促进区域经济发展合作

打破原有行政区划限制，通过跨空间的行政管理和经济开发，实现区域资源互补，经济协调发展。

坚持政府推动与市场导向相结合，把经济工作的着力点更多地放到增强内生动力、发挥市场机制的基础性作用上来，更多地依靠市场配置资源，鼓励苏北地区充分利用国内外两种资源、两个市场，促进各类生产要素有序流动，在更大范围、更广领域、更高层次上参与国内外经济合作与竞争。

在壮大市场主体方面，支持苏北地区做大做强大型骨干企业，做优做精中小企业，建立多层次、多形式合作配套体系，不断完善产业组织结构，提高产业集中度。积极推进企业购并重组。严格遵循产业价值链构建规律，充分发挥市场机制的作用，积极支持优势企业通过出资控股、收购破产企业财产及“债转股”等方式，对劣势企业实现市场状态下的购并重组。充分发挥政策引导作用，通过调整产业发展指导目录、市场准入门槛、产业空间布局及其他必要措施，促进企业兼并，加速淘汰落后产能，转化低效、无效产能。积极发展企业战略联盟。根据产业链纵向延伸和工业与服务业、农业相互渗透的发展趋势，选择重点领域，支持骨干企业逐步建立起战略联盟，稳定供需关系。鼓励苏北企业开拓国际市场，组织、资助各类企业参加境内外各种经贸活动。

在发展民营经济方面，采取更加宽松的政策，更加灵活的方式，更加有效的措施，积极支持民众创业，支持外出务工经商人员返乡创业，继续吸引外地各类企业到苏北投资创业，着力把民营体经济培育成为新的经济增长点和地方财政的重点来源。

（五）构建创新创业的良好环境

1. 完善风险投资机制

建立多元化创新创业融资体系，引导金融机构增强服务理念、改进信贷流程、创新信贷品种、拓宽担保方式，提供个性化综合信贷服务措施，加大对科技创新创业的信贷支持力度。进一步完善促进创新创业投资发展的扶持政策，积极鼓励和引导私募股权基金规范发展，鼓励吸引民间资本进入创业投资企业，鼓励境内外各类企业、社会团体、社保基金、保险基金在我省设立创业投资企业，加强专业人才培训、交流，促进高水平团队形成。发展政府出资或政府参股的非营利性信用担保机构，积极推动科技担保和科技保险业务。鼓励企业间并购，建立健全风险投资并购退出的法律体系，加大税收政策优惠力度，支持大企业并购风险企业。

2. 放宽人才创新创业限制

在高校普及创新创业教育，设立创新创业培训课程，提升创新创业意识和能力；举办创业大赛、创业论坛、创业导师讲坛等活动，激发青年创业热情，培养企业家精神和感恩意识。提供在职创业机制保障，允许高校教师保留身份和职称离岗创业，在完成本单位布置的各项工作任务前提下在职创业，其收入归个人所有；允许和鼓励高校院所职务发明成果的所得收益更多地划归参与研发的科技人员及其团队。

3. 提升孵化器建设水平

优化创业中介服务资源，建设一批龙头骨干孵化器，支持孵化器整合创新资源，建设校企联盟、技术转移联盟、产业技术创新联盟等，鼓励孵化器及其企业主动介入高校院所的早期研发，牵头开展产学研联合攻关。提升一批骨干孵化器创新创业服务功能，推广“孵化＋创投”的孵化模式，设立“创业苗圃”，拓展预孵化功能，设立“加速器”，拓展加速孵化功能。推进一批孵化器实现国际化，鼓励和支持孵化器积极开展国际交流，搭建国际合作交流平台。

4. 创新政府服务模式，营造良好科技创新创业环境

加强知识产权保护，进一步完善知识产权法律法规体系，加强知识产权执法队伍建设，营造良好知识产权保护环境。鼓励企业组建技术联盟、知识产权联盟，共同转化知识产权成果，形成集群优势。加强知识产权创业园等各类园区及专利成果转化基地建设，大力吸引海内外科技人才利用自主知识产权创新创业。优化科技创新创业的政策环境，降低创业的门槛，简化创业审批手续，减少各类行政性收费，节省创业资金和时间成本；加快解决高层次创新创业人才户籍管理、配偶就业、子女就学等问题，实施海外高层次人才“居住证”制度，完善高层次人才医疗保险政策。

高标准打造宜居的生活环境，构建具备国际标准的环境、交通、购物、休闲等配套设施，不断改善创新创业人才生活条件，降低创新创业成本。

三、加强产业集群建设是实施功能区战略的重要保障

（一）将产业政策转变为产业集群和区域创新政策

目前，江苏沿海经济带与腹地经济面之间普遍存在着争相模仿和过度运用产业优惠政策的问题，忽视产业发展本身对科技和其他要素的需求规律。从产业发展政策上看，针对项目的政策多，针对平台条件建设的政策少，针对产业集群的政策少之又少。非连续、同构化的产业政策及项目导向的科技政策割裂了产业集群与区域创新体系的关联，阻碍了区域核心竞争力的形成。由于技术创新能力和对市场变化的快速反应日益成为决定竞争力的主要因素，中小企业的作用不断得到提升，需要以集群政策替代单一产业政策，大力扶持区域内关联企业和关联产业的成长，构建相关产业集群，提高区域创新能力。

（二）打破区域产业集群的制度壁垒，整合区域经济资源

区域发展的关键在于打破本地创新主体间的联系阻隔，加强彼此间的交流与合作。创新障碍得到有效的清除，从而能够保证整个区域持续的创新活力。摆在江苏各地方政府面前的问题是如何通过制度创新，帮助创业者向专业化发展，降低内生交易成本，促进企业间的劳动分工和提高企业竞争力，以及通过区域营销发展产业集群，进而构筑区域创新网络。世界经济发展经验证明，新制度催生新技术、创造新产业、造就新经济。政府应发挥其在维持市场秩序、消除产业进退的政策性壁垒等方面的功能，在税收、政府公共支出等方面对促进产业集群的发展提供合理的政策扶持，鼓励信息技术对制造业的系统集成。

（三）苏北沿海与腹地互动发展，调整产业空间布局

苏北沿海与腹地的互动发展，是贯彻国家区域协调发展战略，实施城市化战略布局，加快国家重点开发区域、主要城市化地区之一的东陇海地区发展的重要方面；是苏北全面实现小康、率先实现基本现代化的重要途径。因此，本书选择研究江苏北部沿海与腹地互动发展，具有典型性和重要的实践意义。

依据国际通用的理论模型、划分标准及计算方法，通过横向比较、纵向分析，从经济水平、产业结构、就业结构三个方面进行分析，当前苏北整体正处于工业化中期的加速发展阶段；从城市化水平考察，处于城市化中期的快速扩张阶段。苏北五市所处的发展阶段具有一定差异性，呈现三个序列：徐州市为第一序列；盐城、淮安和连云港三市为第二序列；宿迁市则为第三序列。城市发展一般都经历兴起、大都市形成、城市郊区化、旧城改造等几个阶段。目前，苏北五市虽都处在城市的成长期，但城市功能、基础设施建设、产业发展都处在不同阶段。苏北城市群发育的主要特征是交通、信息网络不断完善，产业集聚逐渐形成，产业分工初步显现。产业联动是沿海——腹地系统良性发展的核心。从三次产业结构来看，五市存在同构现象，这和所处的发展阶段有关。运用区位熵的灰色关联分析法，对五市的产业结构与地域分工进行测度，发现各市细分产业结构存在一定的互补性，但总体差异不大，其中电力、煤气及水生产供应业、金融业、卫生、社会保险和社会福利业等公共服务产业的关联度较高，表明这些产业具有较好的合作基础。从产业联系角度看，产业合作的直接驱动力源于区域产业差异，因而可以借助区域产业差异来测度区域间的产业合作潜力。运用产业合作潜力模型，分析苏北沿海与腹地产业的差异度，通过计算发现交通运输、仓储及邮政业是所有 17 种细分产业中合作潜力最大的行业，说明加快区域交通一体化，是当前苏北实行产业合作与发展的首要任务，也是促进其他产业合作与发展的基础。从国家级的发展平台来看，沿海二市不仅拥有两个经济技术开发区，还有东中西合作示范区，环保产业园等平台；腹地三市拥有 2 个经济技术开发区和 1 个高新技术产业开发区。国家级的合作平台和产业发展载体为五市产业关联发展提供了有力支撑。从五市重点打造的优势部门来看，“十二五”期间，腹地城市重点打造装备制造业、煤盐化工业、食品加工业，沿海城市着重发展化工产业、新能源和海洋产业。主导产业各有侧重，具有构建陆海产业链，进行错位、互补联动发展的基础和条件。根据规划，“十三五”期间我省将重点打造

“一带两轴三核”，在形成海洋重大生产力布局上实现新突破：“一带”即以沿海地带为纵轴、沿长江两岸为横轴的“L”形海洋经济发展带；“两轴”，即沿东陇海线海洋经济成长轴和淮河生态经济带海洋经济成长轴；“三核”为连云港、盐城、南通三个节点城市。充分放大江苏沿海开发作为国家战略的效应，针对苏北沿海资源尚未充分利用的现实，以构建区域内便捷快速的交通体系为着力点，腹地城市需要更加积极主动地与沿海城市对接，错位发展，依靠快速交通、出海通道形成产业走廊，真正实现腹地城市与沿海城市的“血脉”相连。依靠苏北腹地的产业、人才优势和沿海滩涂、湿地资源，以及“东方桥头堡”和“东中西合作示范区”的战略优势，通过产业走廊进行融会贯通，加快五市间的融合发展水平，形成沿海开放、腹地支撑的良性互动，构筑现代产业带和城市群。发挥区域规模发展效应，在江苏省“两个率先”大局中做出新的更大贡献，建设成为中国沿海开发的新亮点和新引擎。以创新的思维和可行的措施，在政府、企业和社会总体环境等多个层面上，有效促进苏北沿海与腹地的互动合作，以先进带动一般，以示范带动全局，以市场培育主体，打造具有特色品牌的海洋经济，全面提升苏北经济发展的质量和能级，促进形成产业联动、城市互动、区域一体的新局面。

深化政府间互动是构建协调的政策体系的关键所在。应当把沿海与腹地经济互动发展作为各级政府互动的中心内容和推进区域经济向纵深发展的关键路径。一方面，进一步发挥江苏省委省政府支持苏北地区加快发展的各种平台作用，重点协调有关苏北地区经济合作的政策法规、重大事项支持、市场准入等，为区域互动发展搭建框架，处理好沿海与腹地竞争和合作关系；另一方面，充分发挥各地方政府的积极性，形成多层次的互动发展平台，在沿海港口、口岸与腹地基础设施对接、产业布局空间拓展、企业跨区域联合发展、生产要素流动平台共建共享等方面开展实质性合作，形成有利于区域协调发展的政策框架。

依托核心区，引导生产要素、产业和人口有序集聚，加快形成各具特色、错位发展的城市功能定位。徐州市重点瞄准建设以工程机械为主的装备制造业基地、能源工业基地、现代农业基地、综合性交通枢纽和商贸物流中心、文化教育中心，成为淮海经济区的中心城市。

连云港市着力建设国际性海运枢纽、物流中心、临港产业基地和区域性旅游中心，成为国际性海港城市。盐城市突出建设先进制造业基地、能源基地和现代农业示范区、重要生态湿地旅游目的地，成为沿海新兴现代工商业城市。淮安市加快建设区域性交通枢纽、商贸物流中心、先进制造业基地和历史文化旅游目的地，成为苏北腹地重要的中心城市。宿迁市则明确发展新兴工商业和现代农业，成为绿色生态和创新创业城市。

（四）提升转型升级平台，构筑现代产业体系

坚持把发展战略性新兴产业作为引领苏北产业转型升级的突破口，把发展现代服务业作为构筑苏北现代产业体系的战略重点，实行更加优惠的政策措施，加快提升各级各类经济转型升级平台，重点支持战略性新兴产业突破发展、加工制造业转型发展、现代服务业加快发展和现代农业提档升级。产业选择上，要注重沿海与腹地的差别化协同，推动海陆产业结构优化和协调发展；产业布局上，将沿海区位指向强的产业向沿海集聚，而对沿海区位指向不强的产业向腹地布局，促进海陆产业优化布局和特色发展。加大各级各类开发园区建设支持力度，支持连云港申报建设自由贸易区，支持有条件的开发区或高新区设立综合保税区和出口加工区，鼓励宿迁创建国家级开发区、高新区，帮助各市创建国家级创新型园区、软件和信息服务产业园；鼓励有实力企业、知名高校和科研机构与苏北共建产业园或科技园；支持苏北现代服务业集聚区、现代农业示范区、滩涂围垦综合开发试验区等加快建设。加大海洋科研创新体系建设，整合各市海洋科研优势，培植海洋产业的知名品牌和龙头企业，推动现代海洋产业又好又快发展。

合理的分工与协作、产业整合与集聚可以加速沿海与腹地相互作用的进程。产业、功能分工是二者相互作用的必要条件，但有了分工未必就有良好的互动作用，还必须在产业分工和职能分工的基础上，使双方在产业和功能上做到互相补充、相互协调、共同发展，也只有这样才能使沿海与腹地相互的作用产生关联效应、成长效应、开放效应、联动效应，最终共享区域合作的利益。同时，长三角区域经济一体化的过程也是建立统一的商品市场、要素市场和服务市场的过程，其实质是产业区域分工的必然结果，因此，要把沿海地区与内陆腹地作为整体进行产业空间布局，合理确定功能定位和主导产业，强化企业和项目的技术创新。应以优势产业为基础，以大型骨干企业为龙头，以拉长产业链条为主线，加快产业集聚和技术集聚，培育发展一批积极参与国际竞争、对江苏经济发展有较强带动作用的特色产业集群，建成布局合理、用地节约、环境友好、国际竞争力突出、综合配套能力强的现代化产业园区。一方面，经济腹地所拥有的产业优势、技术优势、原材料优势等可以通过在沿海经济带的继续延伸并深化，

形成相对完整的“资源—加工—外销”产业链条；另一方面，产业链条的延伸可以使沿海经济带形成强大的区域聚集力和吸引力，实现生产要素在沿海经济带的优化配置。

（五）推进区域产业集群向全球化产业链条延伸

正如波特所指出的，区域经济的增长和竞争优势在很大程度上依赖于促进和发展集群的能力，其核心是集群式创新网络的发展。随着产业集群的发展，集群所依托的产业和产品不断走向世界。在经济全球化的时代，区域创新体系不是封闭的，而是要与其他地区和全球产业价值体系相融合，使创新要素在区域之间和全球范围内流动。产业集群的发展也必须与全球产业链或全球市场的大背景相结合，只有融入更大区域乃至全球产业链体系，不断朝着全球产业链的高附加值环节攀升，地方产业集群才具有持久的生命力。因此，江苏省各级政府在构建区域创新体系时，要积极实施科技开放互动战略，开展跨区域科技合作和跨区域创新体系建设，逐步推进产业集群融入更大区域乃至全球产业链体系。目前，盐城的动漫、软件外包等产业的发展就是很好的例证。

四、江苏产业集群发展的特征

通过产业集群带动区域经济腾飞，是现代市场经济条件下产业发展的一种内在规律。当前无论是在发达国家，还是在发展中国家，具有竞争优势的产业，往往具有明显的产业集群现象。集群对企业及区域竞争优势独有的好处，不再是传统的自然禀赋等外生因素，而是集群内部由集聚、分工、竞争、合作、创新、“干中学”等动态因素产生的优越于其他区域的内生因素。实践表明，产业集群是支持企业发展和区域取得有效竞争能力的最好选择。江苏积极推进工业向园区集中的空间布局战略，因此，产业集群大多分布于特定的园区之中，产业集群的园区化为污染的源头控制、集中治理及建立起循环经济体系提供了一个平台，从而实现降低治污成本。

江苏发展产业集群的过程可以总结为两个发展阶段、两次提升：第一个阶段是发展乡镇企业阶段，是从分散到集中办企业的过程，是企业在空间上的集聚，缺少企业之间的协作与分工；第二个阶段是由园区集中办企业，由于前面一个阶段暴露出来的布局分散、城镇化水平相对落后、环境污染、综合竞争能力不强等问题，江苏通过加强产业布局规划，推进企业向园区集中，在园区里面做产业、做特色、做优势，把发展园区经济和产业集群相结合，不少地方的企业集群走向产业集群，形成了一大批专业园区、专业村、专业镇等，通过产业链将企业紧密有机地联合在一起，同时随着多年来江苏开放性经济的发展和国际化产业转移步伐的加快，许多企业同时加强了与跨国公司的合作。近几年来，江苏按照政府推动、市场引导、企业主体、做大做强做优的思路，把发展产业集群作为推动工业经济乃至整个江苏区域经济。江苏产业集群有以下几个特点：

一是形成了较大的数量和规模。江苏 2003 年出台的《关于培养产业集群促进区域经济发展的意见》，提出要在 3 ～ 5 年时间内，形成 100 个有竞争力的重点产业集群。目前这一目标已经基本实现，有的产业集群已经达到了年销售额 200 亿元以上的规模，并将在“十一五”末达到 1 000 亿元的发展目标。二是涉及行业众多，几乎涉及了纺织、服装、金属制品、电器、建材、轻工等传统行业，也有 IT、环保等新兴产业。三是区域分布比较广泛，苏南、苏中、苏北三大板块在各个经济领域都有分布；四是形成了一批区域品牌和企业品牌，如吴江丝绸、宜兴陶瓷，等等，在全国有一定的知名度和比较高的市场占有率。

五、江苏产业集群发展存在的主要问题

与发达国家成熟的产业集群相比，中国目前的产业集群发展层次低、专业化程度低，创新能力还不足，产业集群的综合竞争力还不强，集群发育成长的环境条件还不完善，仍处于低水平，制约着产业集群的发展壮大。主要表现为：

第一，市场机制不完善，软环境建设相对落后，政府作用没有完全发挥，影响产业群的可持续发展。首先，相关政策不到位，缺乏对产业集群的有效指导。一些地方政府对产业集群的运行规律认识不够，对其指导仅仅停留在表面，对其发展没有做出合理规划，缺乏具体的产业政策导向。有的地方片面追求高（高新技术产业）、大（大企业）、全（产业种类齐全），而忽视区域特色经济的基础；有的地方不顾中小企业的实际，人为地破坏集聚机制，过分强调组建企业集团，盲目上规模，“归大堆”；有的地方还存在着“铺摊子”、比数量、地区分割等传统发展地区经济的封闭保守思想，妨碍了产业集群的提升和区域间专业分工的发展。其次，法制环境不健全。地方政府无力完善有关地方政策、法规，执法不严，企业间缺乏诚信基础，集群内部没有形成公平、有序竞争的秩序。再次，未形成完善的服务体系。缺乏中介机构的支持，中介组织建设滞后，社会化服务体系不健全等，特别是与科技开发、质量检测等相关的服务不到位，企业难以获得足够、准确的信息。

第二，创新意识和创新能力不强，研发力量不够，制约地区产业结构升级。一些地区由于企业与科研院所间合作不够，加上中介机构力量薄弱，信息和技术交流不充分，不能充分促进企业间协同创新。多数企业不具备适应市场的设计能力和知名品牌，仅仅成为产品生产和加工基地。产品技术创新不足，科技含量低，严重制约了区域产业的整体创新能力的提高，影响地区产业结构升级。此外，风险投资机制缺乏，尚无充足的风险投资资金促进产业的技术创新。

第三，管理落后。江苏地区的产业集群主要是依靠资源、技术优势自发形成的，在形成过程中缺乏系统规划，特别是苏南一些小城镇的产业集群，其中很多企业都是家族企业，以血缘关系为纽带创建，在日常经营管理中过分依赖亲属，无法真正做到科学管理，阻碍了企业的发展壮大。很多管理者观念意识落后，仍然停留在传统的发展思路上，集群内企业之间并没有形成真正的专业化分工，也没有形成基于共同地域文化背景之上的相互认同和协作关系。

第四，产业集群内部未构成互动网络，集群效益难以实现。一些地方政府未积极促进各主体间互动网络的建设，产业聚集的直接原因仅靠区域优惠的土地和税收政策，多数企业小而分散，分工协作困难，企业间未自发形成专业化分工、既竞争又协作的网络关系，企业间及其与支撑机构间缺乏有效的合作，集群柔性专精的特点和区域产业整体功能未能体现，产业群战略难以制定和实施。导致同类企业大量低水平重复建设，产品结构严重趋同；产品供远大于求，价格大战激烈，使价格长期低于成本；商品质量下降，而且给人以只能生产低档产品的形象。对知识产权保护和品牌建立的重视不够，易导致产品被模仿，从而使假冒伪劣产品大量涌现，这种恶性竞争使整个集群信誉扫地。

第五，环境污染严重。在产业集群发展中过分注重经济的增长，而且由于缺乏相应法律法规约束或执法不严，导致企业在以自身利益为核心，对治理污染进行边际成本和边际收益的比较和调整过程中，过分注重于自身利益最大化，没有注重周围的环境保护，导致很多产业集群区空气、水、垃圾污染严重，极大地影响了产业集群的可持续发展。

六、破解江苏产业集群发展难题的路径

江苏省应充分利用“扬子江大学集群”及“黄海大学集群”的科研优势，发挥大学集群人力资本的优势，由技术模仿到自主创新，掌握产业核心技术，发展技术含量高的新兴产业，使企业群获得技术能力的提升，大力推动科技成果产业化，增强产业集群竞争力，把产业群不仅建成产品加工基地，更要建成产品创新基地，将产业集群建成真正有竞争力的创新系统，使区域产业结构不断保持技术领先，确保区域经济持续增长。在此基础上，产业集群自身要主动积极提升自身的创新能力，培养产业新的经济增长点。

大学集群高校成立董事会，吸收产业集群部门的企业参与学校的办学，对集群大学办学方向、课程设置、师资建设、教学内容和方法、实习基地、学生招生和分配等重大问题讨论咨询。如苏州工业园区职业技术学院借鉴了新加坡南洋理工学院的办学模式，从建校初就成立了由政府主管部门、著名跨国公司、国内外知名高校组成的学院董事会，实行董事会领导下的校长负责制，董事会融合了政府、企业和学校三种资源，三方董事也分别从政策、经费、专业等方面为集群大学发展提供强大的支持。高校集群与产业集群合作的特点应该是深层次、宽领域、全方位的合作，包括双方的经费投入、科研人员的参与、人才培养，以及在企业和高校共建研发基地或科研院所或科技研发公司等，走开放式的合作道路。这种深层次、宽领域、全方位的合作形成了合作双方能够相互制约的关系，有利于合作的双方责、权、利的划分，有利于合作双方权利和义务的实现。产业集群要面向市场，研究市场，把握市场的未来走势，结合产业的重大项目、重点工程，明确科研合作项目的研发目标从而与高校展开合作。这样合作的科研成果才能符合企业面向市场的要求。大学集群也必须积极调整自己在双方合作中的角色定位，在合作中抓住主动权，主动适应产业集群的科研需要，把产业的事当作高校自己的事情对待，以大学集群的科研优势引领产业的发展。

高校集群与产业集群联合，还必须加大政府在两类集群合作中的协调、管理及支持的力度。为保证两类集群合作的健康发展，除了必要的法规政策之外，各级政府还必须牵头设立适当的组织管理机构，以组织推动两类集群合作项目的实际落实；同时，这一机构还必须联合政府部门、大学集群和政策研究机构，大力开展两类集群相关的理论与政策措施和管理办法的研究，做到资金和政策的组合投入，提高总体投资效果，促进两类集群合作的顺利发展。两类集群合作的组织管理机构的主要职能是协调集群双方的利益，在资金投入、合作方式与渠道及具体细节问题上给予管理和协调，督促每一个合作项目的落实。

第四节　区域经济发展战略对应用型人才需求的变化

产业集群的快速调整与升级在为经济发展带来新兴的高增长型支柱行业的同时，也给大量新兴行业带来了人才需求压力。产业集群的调整和升级势必引起人力资源结构的相应调整和升级，满足产业集群的建设需要是人力资源开发的目的和要求。

一、产业集群发展对高级应用型人才需求的挑战

（一）产业集群发展需要技能型人才为其提供竞争优势

奥地利经济学家蒂奇（Tichy）认为，产业集群的生命周期可划分为诞生期、成长期、成熟期、衰退期四个阶段。从我国的产业集群发展的现状来看，一些产业集群甚至尚未经历成熟阶段就步入了衰退阶段。一方面，我国的产业集群由于缺少技能型人才，往往使产业集群生命周期较短，难以保持发展的可持续性，从而给相应区域的经济发展带来一定的风险。一些产业集群由于缺少实用性技术操作和管理人才，导致产品档次不高、产品结构不合理的问题，近年来也陷入了发展的困境。另一方面，我国的产业集群主要是以劳动密集型的工业部门和传统的手工业为主，如纺织、服装、制鞋、五金制造等，利用的是当地劳动力、地租廉价的优势，倘若这些富有的劳动力资源具备现代企业所需的技术性和先进性，产业集群仍然可以焕发出生机，延长其生命周期；否则，其发展必然受到极大的制约。波特认为，这种建立在初等生产要素上的竞争优势是浮动的，当其他国家或地区踏上发展的相同阶梯时，也就是这种竞争优势结束之时。我国目前产业集群由于缺少人才使得某些优势不能形成持久稳定的竞争力。因此，加强技能型人才培养和储备，是产业集群保持竞争优势的重要基础。

（二）产业集群的持续发展需要高级应用型人才支撑

江苏现有应用型本科院校 21 所、“准应用型”本科院校——独立学院 25 所，随着科技的发展，为适应市场竞争的需要，我们只有增强自主创新能力，提高行业的生产技术水平，加强对行业发展的调控和管理，才能不断提升应对市场风云变幻的反应能力。谁在科技创新中占据优势，谁就能在产业发展上掌握主动权。而这一切都要以专业技术人才作为支撑，尤其是需要高级应用型人才的积极参与和辛勤劳作。

在产前的产业背景下，企业对机电类专业人才的需求极其迫切。尤其是机电一体化、数字化制造、模具、汽车工程等专业方向的应用型本科毕

业生。企业要求他们既具备扎实的专业技能，又具备一定的技术创新能力，同时还得拥有良好的职业道德。因此，高层次应用型人才的缺乏使得产业集群无法持续发展。

（三）人才结构是产业集群发展与调整的条件和基础

人力资源作为地区独特的资源要素，是产业集群形成和发展的不可缺少的条件之一。在集群的形成和发展过程中，人力资源结构将直接决定集群的发展方向和活力。在当前世界激烈的竞争中，由于物资资本向人力资本的演进，劳动力的资本化已经成为知识经济时代资本变动的重要趋势之一。人力资源是知识经济时代经济增长的真正源泉这一观念已经成为大多数国家政府与学者的共识。在传统的农业社会，劳动力、土地等自然资源成为经济活动要素；在工业经济时代，自然资源和物资资本及劳动力成为经济成长的动力源泉；在知识经济时代，人力资本地位日渐凸显，人力资本积累、技术进步已成为经济体系的内生变量，人力资本是一个企业乃至国家最宝贵的资源。在某些情况下，即使不增加人口，也能实现经济增长，这一驱动力就是人力资本的不断积累。20 世纪 80 年代以来，以罗默、卢卡斯等经济学家为代表提出的“新经济增长理论”揭示出，一国或某一区域经济的发展取决于该国或该区域人力资本的多寡，特别是对于发展中国家来说，发展初期人力资本存量及其变化对经济发展过程具有决定性影响。人力资源结构的调整与升级可以提高产业的劳动生产率，提高产业的经济增长率，为产业集群升级创造良好的经济发展基础，为经济持续增长提供重要的人力资本竞争力。因此，人力资源的质量和数量结构直接决定着产业结构的调整和升级，人力资源结构是产业集群调整的条件和基础。

（四）满足产业集群建设需要是技能型人才开发的主要目的

在经济全球化的宏观背景下，世界经济飞速发展，产业集群成为世界经济发展的一支主力军，对世界经济发展起到了非常重要的作用。在全球各地那些快速成长的成功区域，通常是以一个主导产业为核心，大量产业联系密切的企业及相关支撑机构在空间上的集聚，从而在该地区形成强劲的参与国际竞争的持续竞争优势。当前各国政府都把集群作为政府策略的重点，并在世界许多国家都形成了许多产业集群，其影响力更是无可替代的。我国改革开放以来，产业集群对于经济增长和出口创汇都有显著的意义，成为我国经济发展的重要推动力量。产业集群的快速调整与升级要求教育为经济发展培植新兴行业所需要的人才，产业集群的调整和升级势必引起人力资源结构进行相应的调整和升级，满足产业集群的建设需要是人力资源开发的主要目的。

二、江苏省产业集群建设中应用型人才开发策略

（一）江苏省应用型本科人才基本概况

2016年，江苏省专业技术人才新增118.42万人，其中工程技术人才新增11.77万人，占专业技术人才总量9.9%。从有关统计数据看，2013年至2016年，专业技术人才每年增量相近，从毕业生实际就业所在地看，截至12月31日，去除升学、出国、应征义务兵等情况，2017年全省高校毕业生留在江苏就业的共有33.4万人，占同期已就业人数的78.9%，其中：毕业研究生4.0万人，占同期已就业毕业研究生的60.1%；本科毕业生19.8万人，占同期已就业本科毕业生的76.0%；吸纳本科毕业生较多的行业依次是：制造业、信息传输、软件和信息技术服务业、教育业；随着产业集群的发展。江苏省人力资源与社会保障厅"十三五"规划数据显示，建成适应经济社会发展的规模大、结构优、创新创业活力强、国际化程度高的专业技术人才队伍和高技能人才队伍。"十三五"期末，全省人才资源总量1 400万人，专业技术人才总量800万人，高技能人才总量370万人。切实保障重点人群就业。

（二）积极拓宽毕业生就业渠道

一是落实基层服务专项，切实做好"大学生村官""三支一扶""西部计划"和"苏北计划"等基层服务项目，落实学费补偿、助学贷款代偿、资金补贴等政策，鼓励和引导毕业生到中小微企业就业，确保把真正有志向、有奉献精神的毕业生选送到基层。二是服务重大发展战略，围绕"一带一路""长江经济带"等重大发展战略，结合实施"中国制造2025"和"互联网+"行动计划，主动对接人才需求，向重点行业、重点地区、重大工程、重大项目输送毕业生。三是积极鼓励大学生应征入伍，会同兵役部门优化大学生征兵工作流程，开展广泛宣传动员，落实好相关优惠政策，进一步提高大学生征集数量和质量。

（三）深入推进创新创业教育实践

一是把深入推进创新创业教育改革，作为高等教育综合改革的突破口和重中之重，在培养方案、课程体系、教学方法等方面加大改革力度，完善细化创新创业学分积累与转换、弹性学制管理、保留学籍休学创业等政策。二是更加注重实践育人，加强与地方政府部门和行业企业的联系，将优质实践教学资源引进高校，通过加快建设一批有特色、可持续发展的创新创业实践基地和成果孵化基地，助力大学生自主创业。三是通过举办第

三届中国“互联网+”大学生创新创业大赛江苏选拔赛，开展新一轮省级大学生创新创业示范基地建设，为全省毕业生创新创业提供良好的舆论环境。就业流向支撑经济结构优化。一是服务重点项目趋势明显。2月12日江苏省发布2017年省市县三级重大项目1 363个，其中新产品、新技术、新业态、新模式类项目明显增加，毕业生进入软件和信息技术服务业、高端装备制造业、电子商务业就业增幅明显。二是服务重点行业产业成效明显。2017年我省高校毕业生就业去向位列前四位的行业依次为制造业、信息传输/软件和信息技术服务业、教育业、建筑业。三是就业下沉激发民营企业发展活力。

（四）促进区域经济发展贡献度高

一是支持区域协同发展有力度。2017年留苏就业的毕业生中，到苏南就业的21.4万人，占64%；到苏中就业的5.3万人，占16%；到苏北就业的6.7万人，占20%。二是服务当地经济发展显成效。2017年驻省内13个设区市高职院校毕业生的就业去向数据显示，留在所在市就业人数的比例均高于其他城市。

全省新入选国家“千人计划”98人、国家“千人计划”外专项目6人、江苏“外专百人计划”35人，新引进长期外国专家2 894名、海外留学回国人员8 608名。“六大人才高峰”高层次人才培养选拔计划资助662个项目、5 754人。实施国家级、省级引智项目476项。

全省新增专业技术人才49.01万人，组织专业技术人员参加继续教育153.62万人次。举办国家级高级研修项目6期、省级高级研修项目24期，累计培养4 362名高层次专业技术人才，评审通过具有高级专业技术资格人员3.1万人。

全省新增高技能人才33.32万人。组织开展职业技能鉴定158.8万人次，其中130.56万人次取得不同等级的职业资格证书，平均通过率82.2%，高级工以上鉴定取证人数占25.5%。

新设省级博士后创新实践基地75个、博士后科研成果转化基地3个、省级留学人员创业园5个，新增国家级高技能人才培训基地5个、国家级技能大师工作室5个、省级专项公共实训基地10个、省级技能大师工作室20个，新建引进国外智力成果示范推广基地和示范单位22家。

年末全省共有技工院校121所，在校学生24.33万人。全年招生10.2万人，毕业7.5万人，毕业生当年总体就业率98.8%，培训社会人员47.8万人次。确定12所技工院校为省级职业教育实训基地，评选技工院校示范专业10个、精品课程40门、教学名师20名。

3名外国专家获得年度中国政府“友谊奖”，20名外国专家获省政府颁发的“江苏友谊奖”。发放海外人才居住证63个。

三、江苏省产业集群建设中应用型人才开发存在的问题

（一）江苏省未来3年产业园区应用型人才需求状况

1. 高级应用型人才需求量最大

江苏省产业园区企业需应用型人才65万人，未来3年，江苏省产业园区技能型人才需求总量将达到90万人，而江苏省目前应用型人才42万人，江苏省产业园区企业应用型人才结构比重不合理，有待提高。

2. 未来需求最为紧缺的应用型人才

目前，江苏省产业园区应用型人才从事的职业涉及购销人员、社会服务人员、机械制造人员、工程施工人员等25种职业类别。同时，各职业类别中拥有的技能型人才也具有一定的差异性，产业园区内技能型人才大部分集中在第二、三产业。尤其是机械制造业所占比重最大，为25%，其次是计算机操作人员，所占比重15%，最少的是文化体育用品和艺美术品制作人员，比重仅为2.5%。

未来3年，江苏省产业园区企业技能型人才需求将主要集中在金属冶炼、机械制造业、装备制造业等行业。仅机械制造技术型人才需求就达16.3万人，约占未来技术型人才需求总量的18%，如果再把与此相关的金属冶炼、机电产品装配人员、机械设备修理、电力设备安装、运行、检修及供电人员、电子元器件与设备制造、装备调试及维修人员等都考虑进来，技术型人才需求总量为11万人，约占未来总需求总量的10%。

（二）应用型人才开发中存在的主要问题

1. 应用型人才培养进程落后于产业集群发展的战略步伐

伴随着江苏沿海经济战略的深入实施，江苏的产业集群建设将全面展开，作为生产基础的应用型人才资源开发显得日益紧迫。由此可见，江苏省产业集群会有一个迅速发展，应用型人才需求具有广阔的空间，亟须实施面向整个产业集群建设的人力资源整体开发战略。但目前，江苏省产业集群应用型人才整体性开发力度不够。

一是存在体制性障碍，人才资源部门所属单位壁垒尚未打破，区域应用型人才培养能力难以做到有效整合。

二是企业的人才载体作用没有充分发挥，应用型人才培养开发还处于政府推动阶段，企业在人才资源开发中的能动作用发挥不够，主动培养应

用型人才的积极性不高，如仅在企业内部实施培训，对人才吸纳能力有限。

三是应用型人才开发缺乏长效机制，终身教育体系尚未建立，存在重短期培训轻长期培养、重数量轻质量等问题。

2. 人才队伍结构性矛盾突出，应用型人才不足

一是队伍结构不合理，高层次人才匮乏。目前，供需矛盾突出，高级应用型人才的数量、结构和素质与江苏省经济社会发展特别是产业集群建设的需求不相适应。高级应用型人才的短缺已引起社会各界的高度关注，成为新的社会热点。

二是全社会尊重应用型人才的氛围尚未形成。从社会层面上看，“重学历、轻技能”的现象还没有根本扭转；从企业层面上看，企业只使用、不培养的情况较为普通；从政府层面看，高级应用型人才工作还需摆在更重要的位置上，在政策导向上，应用型人才还没有得到应有的尊重，待遇不高的现象比较普遍。

三是地域人力资源分布结构不合理。目前，由于地方经济发展状况、自然环境特征和人的功利性需求，整个江苏省产业集群建设人才资源分布情况呈现“三多三少”，即大城市及经济发达地区人力资源丰富，小城市和经济欠发达地区人力资源稀少；大型企业人力资源丰富，中小型企业人力资源稀少；中央企业人力资源丰富，地方企业人力资源稀少。

四是社会及公共财政投入机制缺失、缺位。企业教育经费难以落实，依法征缴措施不力；应用型人才培养投入不足，制约了高级应用型人才工作的开展。

3. 人力资源开发机制尚不完善

经营管理人才的责、权、利、绩尚未统一，激励和约束机制不到位，人才选拔任用市场化和职业化机制尚未形成。例如，对某软件公司 3 家典型装备制造企业及钢铁公司的调查均显示，人才选拔方面，专业性的招聘会少，特殊人才的招聘困难，而且人才信息沟通不及时；两家装备制造企业都认为人才渠道不畅通，符合企业需要的人才难以找到；专业技术人才充分发挥作用、合理流动、有效配置的机制有待进一步完善，造成很多企业人才流失严重，某重工企业在国际和国内市场不景气时，流失了大批人才，致使目前企业中 30 ～ 40 岁的员工断档；应用型人才的评价标准不够科学，管理制度尚不规范。

四、江苏产业集群人才需求的特征

（一）急需大量的制造业技术人才

以国民经济三大产业分类，江苏的产业集群主要集中分布在第二产业，其中尤以制造业的集群居多。纺织业产业集群的发展是处在“初级扩散中心”和“极化中心”这样的地位，整体发展水平较好，在江苏制造业中占有重要的地位。化工产业、普通机械制造业、专用设备制造业产业集群是处于“扩散中心”和“低洼地”这样的两极发展状况，电子及通信设备制造业趋于集聚。产业集群由于主要集中在制造业，对人才的需求类型主要集中在零部件、机器和服务等专业化应用型人才。

（二）南京、苏州等区域人才需求集中

江苏省的产业集群的现实是：产业集群主要分布在东部沿海地区的环渤海湾中心的地区。尤其在东部沿海地区、产业集群分布最为密集，特点也最鲜明，发展速度和水平也要高于其他地区的同类集群。产业集群的高度集中导致人才需求呈现明显的集中性。规模庞大的流动人口的背后是区域产业集群的发展对人才的大量需求。因此，培养产业集群紧缺人才，对于区域产业集群的健康发展和竞争力的持续、有效提升非常重要。

（三）经营、管理、外贸、物流等专业人才缺口大

目前，江苏省的产业集群大多由劳动密集型企业聚集而成。其主要特点是低成本，低技术含量，以获取外部效益为主，不少企业存在着“一流设备、二流管理、三流产品”的现象，甚至只能把低质低价作为竞争的主要手段。随着经济全球化的到来、可持续发展战略的推行、宏观调控力度的加大，以及劳动力成本的提高，具有传统优势的产业集群企业必须进行结构调整和优化，以获得新的优势。产业集群经济增长方式的转型，在人才的专业结构上表现出如下特征：一是经营管理人才缺口大。随着产业集群的调整和企业管理现代化程度的提高，对具有现代管理意识的管理人才、营销人才需求争剧扩大。二是外贸人才缺口大。随着江苏省产业集群经济对海外市场的开拓，全省对外贸易权限下放，使得对外贸专业人才的需求迅速扩大。三是物流人才缺口大。江苏省的产业集群经济属于微利时代，急需大批物流人才。经营、管理、外贸、物流等专门人才的缺乏，是制约产业集群发展的软肋。

（四）需要技术自主创新的人才

技术自主创新是一个由众多要素组成的复杂系统，人才无疑是其中的一个基本要素。首先，产业集群的发展关键是要有技术自主创新的人才。

由于产业集群直接来源于现代科学技术的研究成果，因此，要求劳动主体不仅要具有操作技能，而且要掌握相关的专业知识，即他们必须是受过良好职业教育的知识劳动者。已步入知识经济的经济合作与发展组织（简称OECD）主要成员国中几乎没有未受过专业教育和职业培训的劳动者。传统制造业劳动者的工作范围在几米左右，加工对象易为劳动者感知，并可直接操作。而产业集群的劳动主体其劳动性质发生了变化，他们不再是机器的附属物，只能从事简单的重复劳动，而是利用智能型劳动工具，变革复杂的劳动对象，以自己的智慧来提高产品的附加值。另一方面则说明产业集群时代高科技已渗透到制造业，从而对劳动者基本技能的要求也大幅提升了；原来适应本岗位的人员必须接受新的职业培训和教育，成为高技能型人才，才能适应工作的需要。其次，技术自主创新过程需要技术型人才。知识经济的支柱是高技术产业，而发展高技术产业的关键是技术自主创新。技术自主创新产品知识含量的提高，要求劳动者不仅能动手，而且会动脑解决生产过程中遇到的各种非常规的矛盾，解决营销过程中市场的培育、信息的获取及与顾客的互动和沟通等问题。因此，只有培养技术自主创新人才，才能促进产业集群自主创新过程的发展。最后，技术自主创新各层次离不开技术型人才。技术自主创新有一个共同点：创新以科学原理为基础，以应用研究为中介，以技术开发为重点，以市场开发为导向。整个过程充满着风险，不仅需要向探索性的基础理论研究、有意向性的应用开发、目的性明确的市场开拓投入巨额的资金，而且需要先进的实验仪器、完备的开发手段、精良的生产设备，还需要强烈的创新意识、有力的创新激励机制和良好的创新环境，还需要一流的科学家、一流的工程师和一流的工人。显然，一流的工人就是受过良好职业教育的技能型人才，这些技能型人才是技术创新的主力军。

如何实行区域经济战略，培育企业的合作网络，保证区域经济的持续发发展；如何使产业集群不断升级，有效提高产业集群的竞争力；如何使产业集群成为我国企业参与国际竞争的“本垒”，从而使产业集群的发展质量得到提升……要解决这些问题，关键是要培养产业集群所需的相关技能型人才，而发展应用型本科教育是关键性因素。

五、应用型人才培养对江苏产业集群建设的作用

江苏产业集群建设正处于发展的初级阶段。江苏的产业集群已初步完成产业集中，形成了以资源开采和加工业、装备制造业及高新技术产业三个领域为重点，以现代服务业和农产品加工业为辅的五大产业集群。但江劳各地产业集群发展状况很不均衡，如何将庞大的人力资源转变为促进产业集群发展的人力资本，是一个具有重要意义的时代课题，而做到这一点，对于推动江苏产业集群建设，实现江苏经济的快速、持续发展乃至长三角经济带的发展有着非常重要的作用。

（一）弥补江苏省产业集群建设的人才缺口

江苏作为制造业大省，工业经济体量位居全国第一。造船、机械加工、冶金、化工、汽车等行业对应用型人才的需求旺盛。专家测算，近几年，与江苏沿海经济区产业发展密切相关的装备制造、电子信息、化工与制药等领域，应用型专业技术人才缺口较大。除了高技能型人才外，还需要既懂产品技术，又懂产品性能，并敢于闯市场的营促销专业人才，以电子技术、生物工程、航天技术为代表的高新技术产业人才，行政管理专业人才在江苏也出现需求增长现象。为此需要清晰地掌握江苏省产业集群建设中的人力资源及其开发现状，对其进行科科学分析，为江苏省应用型本科教育提出有针对性的建议，以弥补江苏省产业集群建设的人才缺口。

（二）带动江苏省产业集群的结构升级

加快产业集群发展，推进产业结构优化升级，是转变经济发展方式、实现经济快速发展的必然要求。产业集群已经超越了一般产业范围，构成特定区域范围内多个产业相互融合、众多类型机构相互联结的共生体，形成区域特色的竞争优势。从产业结构和产品结构的角度看，产业集群代表着某种产品的加工深度和产业链的延伸，从一定意义上讲，是产业结构的调整和优化升级的结果。产业集群发展状况已经成为考察某个区域和地区发展水平的重要指标之一。从产业组织的角度看，产业群实际上是在一定区域内大型企业或大公司、大企业集团的纵向一体化的发展。如果将产业结构和产业组织二者结合起来看，产业集群实际上是指产业群体中的各类企业集聚发展的意思。产业集群的核心是在一定范围内产业的高度集中，这有利于降低企业的成本（包括生产成本、交换成本），提高规模经济效益和范围经济效益，提高产业和企业的市场竞争力。人力资源开发，特别是技能型人才的供给是影响产业集群发展的重要因素，而如何使产业集群更有竞争力，如何设计产业升级优化策略，如何从传统竞争转向战略协作和差异化竞争，人力资源的质量和数量结构是关键。因此，应用型人才作为江苏省人才培养的重要途径，对江苏省产业结构的顺利调整，产业集群建设发挥着重要的作用。

（三）应用型人才前置培养是产业集群发展的基础

产业集群的共生性要求集群内众多企业在产业上具有关联性的同时，能共享多个产业要素，包括专业人才市场、技术和信息等。浙江打造“区域特色经济”，培育发展了一大批产业集群，其奥妙就在于前置性地培养了大批能熟练掌握现代制造技术、工艺和技能的专业技术人才。国内发达地区的成功经验告诉我们，产业集群的持续发展，离不开高技能型人才的前置培养。首先，政府要通过行政干预的手段使得技能型人才培养适度前置。为了使产业集群所需的技能型人才与其未来产业相匹配，政府要实行专项的财政补贴政策，以形成对应用技能型人才培养的激励机制，使专业设置与产业集群发展联系起来，形成专业集群与产业集群的互动机制。其次，教育部门要根据产业升级，规划应用技能型人才培养。从江苏现有的人力资源条件上看，产业集群受到技能型人才总量和结构的制约。高技能型人才队伍的“量”和“质”与经济发展不相适应。近年来，江苏的技能型人才队伍虽有明显改善，但从总体上看，高技能型人才数量不够，素质不高，结构不合理，区域、行业分布不均衡，不能适应区域经济结构调整、产业升级和技术创新的需要，成为制约地方经济发展的重要因素。特别是实用技能型人才偏少、层次低。高技能型人才的严重不足已无可置疑地成为实现经济增长方式转变的一大制约因素，这种人才结构不能满足产业发展的现实需要，甚至影响到制约产业集群的培育和发展。要结合辽宁产业发展规划，前瞻性培养与此相对应的技能型人才，以满足产业集群对人才的需求。再次，区域经济发展是高技能型人才培养的定位器。人才培养要按照区域经济发展对促进产业结构的升级要求，从战略的高度认识高技能型人才培养的社会适应性，从制度和体制上创新，进行专业培养的调整。只有根据地方产业结构变动的趋势，从产业结构的角度研究培养计划的实施，根据主导产业发展，制定高技能型人才培养的发展战略，才能更好地服务于地方的经济建设。

第五节　产业集群发展背景下应用型本科专业建设面临的机遇与挑战

应用型本科的专业结构和区域布局是否合理，关系到应用型本科教育体系与经济社会发展能否有效融合，能否培养出适合区域发展的具有较高素质的专业技术人才，以实现与产业结构调整合理对接，推动地区生产力要素建设。认真研究应用型本科的专业结构和区域布局，有助于创新专业设置，实现与区域发展的合理匹配。

一、应用型本科专业建设与产业集群发展的关系

应用型本科专业建设必须协调好与产业集群发展的关系，找到适合教育规律和适应产业集群发展规律的平台，做到专业结构与区域产业结构相统一，既满足经济发展和产业结构调整的要求又能充分发展自身。

（一）区域产业集群发展水平决定了应用型本科教育专业规模和水平

产业集群发展较好地区的应用型本科教育相对于产业集群发展水平落后地区来说，其专业设置在已有的产业链中更多地集中于高端部分，分工的类型、层次也较高。区域产业结构调整了，应用型本科的专业结构必须进行相应的调整。首先，应用型本科的专业结构应适应区域产业结构的调整，并按产业结构发展趋势，调整地方院校的专业结构比例，使专业结构反映出科学和生产力的进步。其次，应用型本科的布局结构应与区域产业构成、生源结构及经济发展水平相适应，合理的应用型本科教育布局结构能聚集多元化人才，实现“产学合作”，从而促进区域经济的快速发展。

（二）区域经济和产业结构的提升，促使应用型本科教育专业结构的创新

应用型本科教育直接为区域经济建设和社会发展培养应用技术型人才，其专业构成受制于区域经济结构和产业链重组的制约，不同区域的产业结构及生产力层次，会直接影响到应用型本科教育的专业设置和空间布局，不同地区的产业特点对劳动力的类型结构有不同的要求，区域产业发展的新趋势、产业结构的演变及对劳动力类型的需求结构改变将直接影响应用型本科的专业设置。

（三）应用型本科专业布局结构要有利于区域产业集群化和多元化人才聚集

应用型本科教育专业结构的调整与提升必须从产业结构调整、发展的大局出发，考虑和研究区域范围内的专业结构问题。首先，专业结构优化的总体方向必须满足区域产业集群发展和经济升级换代所需要的各级各类人才需求，大力培养产业集群经济发展所必需的营销、管理、外贸和物流人才，以满足集群经济升级换代对人才的需求。其次，专业优化要考虑地域产业集群对某一专业人才的需求。集群经济对人才的需求稳定，需求量大，且具有同质性，这为地方院校开设适合地域集群企业所需专业提供了可能。

二、围绕产业集群建设需要设置与调整应用型本科专业

（一）满足产业集群建设对人才的需求，加强专业与产业集群对接

为实现区域经济转型升级，江苏省经济和信息化委员会根据《江苏省特色产业集群认定办法》，按照市场主导、政府引导，专业化、集中化、网络化、地域化发展的原则，优先发展产业，首批特色产业基地 31 个，陆续培育五批 100 个特色产业集群。盐城地区建有汽车及零部件特色产业基地，目前重点建有涂装设备、纺织染整、石油机械、环保、风电、节能电光源、齿轮等七大江苏省特色产业集群，而应用型本科教育专业设置与调整一定要对接产业集群的建设。应从以下几方面着力：

一是对接工业设计园区产业集群，重点开设产品设计、环境设计、数字媒体艺术、视觉传达设计、模具设计与制造、建筑学、汽车服务工程、网络工程、软件工程、动画等专业。

二是对接装备制造业产业集群，重点开设机械设计制造及其自动化、过程装备与控制工程、工业工程、机械工程、机械电子工程、船舶与海洋工程、材料成型与控制工程等专业。

三是对接海洋生物产业集群，重点开设水族科学与技术、海洋科学、食品科学与工程、生物技术、生物工程、水产养殖学、海洋资源与环境、动植物检疫等专业。

四是对接环保产业集群，重点开设环境工程、水质科学与技术、能源化学工程、环境科学、给排水科学与工程、地理信息科学、人文地理与城乡规划、测绘工程、建筑环境与能源应用工程等专业。

五是对接光伏产业集群，重点开设电气工程及其自动化、自动化、电子信息工程、测控技术与仪器、电子科学与技术、光电信息科学与工程、新能源科学与工程、建筑电气与智能化等专业

六是对接服装产业集群，重点开设纺织工程、轻化工程、服装设计与工程、服装与服饰设计等专业。

以化工园（集中区）为重要载体的产业集聚发展态势明显，基地化、集约化、规范化、链条化发展等方面取得长足进步。全省 63 家化工园（集中区）已支撑起我省化学工业的半壁江山（园区内规模以上化工生产企业数、主营业务收入均约占全省化学工业的 50%）。园区内多种所有制企业集聚发展、协同发展，形成了竞争中合作、合作中竞争的良性互动发展格局。一批化工园区重视物流信息化、管理标准化、生产智能化、运营网络化、环保集中化理念与手段的推广和应用，在一定程度上实现了产业结构有优

势、专业技术有特色、安全环保有力度、管理服务有效率。

环保城是历届江苏省环保产业对接配套会的执行单位，长期致力于环保交易服务的研究探索，在产业领域积累了丰富的资源和经验。环保城作为一个平台型企业，在10年环保之路上创造了很多第一次，也拥有很多自主创建的平台：中国环保设备采购联盟、中国环保装备品牌联盟、环保城·团购宝及新生态交易平台——环保超市等。多年来，环保城不断跟随市场的变化，挖掘自身新的价值，建立有价值的连接，创造符合新的市场规律和需求的平台，更好地为产业服务，目前它已经有超过800家的入驻企业，一期商铺基本全部入驻，市场交易超过100亿元。

（二）满足沿海经济带发展战略对人才的需求，重点开设装备制造、造船与航运、现代服务业类等专业

开发建设江苏沿海经济带，连云港以石化工业为代表的重工业规模经济明显，规模效应开始显现，与此同时，传统的制造业依赖于新技术和新科技的应用，实现了自身产业结构的优化，为下一步的产业结构升级打下坚实的基础。与新加坡国际港务、巴西淡水河谷开展全面战略合作，新开通加密38条远近远洋航线。港口吞吐量、集装箱运量分别达2.1亿吨、501万标箱，承担了全国50%、中亚国家60%以上的大陆桥过境运输业务，海铁联运成为连云港的重要国际品牌，开放载体建设取得突破，被确定为新亚欧大陆桥经济走廊首要节点城市、中哈物流合作基地和上合组织出海基地。国家级、省级开发园区转型发展成效明显，成为连云港市经济发展的主阵地。

南通市注重以大项目带动新型工业化进程，瞄准优质项目，高标准建设沿海特色产业集群。充分发挥沿海港口、土地资源优势，放大产业配套能力，在产业选择和集聚上下功夫，加快沿海园区化开发步伐，争取优质产业项目落户沿海，促进集约式发展。重点加快海洋产业、装备制造业、新能源产业和临港工业的项目集聚，做长产业链，提高产业发展的集聚度，构建南通特色的海洋经济带。积极扶持南通钢丝绳企业、船舶海工制造企业向沿海地区搬迁和延伸。提升产业层次，有效促进传统优势产业转型升级和集约集聚发展。装备制造、电子信息、石油化工、电力能源、现代纺织服装、轻工食品等六大产业占全部工业的比重接近90%，在江海联动开发中优化了产业结构。

盐城成为新能源汽车、节能环保、现代农业、大宗商品港口物流等国家级产业基地。盐城大力发展新能源、节能环保等新兴产业，主营业务收

入突破 1 200 亿元，成为国家战略性新兴区域集聚发展试点城市；建设市开发区、高新区、环保科技城、智慧科技城“两区两城”标志性产业创新高地，获批国家创新型试点城。实施“515”人才引进 3 年行动计划，全民创业蓬勃兴起，新增各类企业 3.8 万家。“东向出海、南接沪深、西向开拓、北连央企”全方位开放格局初步构建。现代服务业初具规模。建成大数据产业园、金融城、中汽中心盐城汽车试验场等一批现代服务业集聚区。

（三）创建苏南“中国制造 2025”升级策略，构建区域错位发展的新格局

以创建苏南“中国 2025”试点示范城市群为契机，探索产业链分工协作、区域错位协同发展新机制，打造一批地标性特色产业。积极申报苏南城市群试点示范。在苏南地区重点发展特色产业，力争建成全国协同创新标杆区、转型升级示范区、智能制造先行区、特色发展引领区，建立省市联动机制培育特色产业。联动推进南京智能制造装备、无锡集成电路、徐州工程机械、常州先进碳材料、南通海工装备等特色产业突破发展，构建“五个一”综合培育体系，打造一批具有地方标志、领跑全国乃至全球的产业标杆；改造提升传统产业。进一步加快制造业向中高端攀升，构建以“创新、智能、绿色、高效”为特征的先进制造业体系，必须突破核心关键技术。加快推进企业研发机构建设，实施制造业创新中心建设工程，在智能装备、智能电网、工程机械、新医药及战略新材料等五大领域开展试点，攻关重点是突出智能制造。服务业的支持是制造业发展的有效动力，工业类产品的规划设计和产品的销售管理还有物流配送的各个环节都离不开服务业的支持。生产性服务业依托于计算机技术和金融业的高度发展，催生了一批新的服务行业。

根据加快基础设施建设的要求，培养交通与工程的高等级公路维护与管理、公路监理、道路桥梁工程技术、工程机械运用与维护、公路机械化施工技术、工程造价、工程监理、市政工程技术、给排水工程技术等专业的专门人才。根据加快生态环境建设的需要，培养环保类的环境监测与治理技术、资源环境与城市管理、工业环保与安全技术、安全技术管理等专门人才。

三、加强应用型本科专业建设的宏观管理

以江苏经济和社会发展对不同类型人才的需求及教育资源为基础，特别是结合江苏省产业集群或行业产业链发展的实际，统筹规划职业教育专业结构，实行总量控制，宏观管理，引导学校主动适应社会和市场要求来

设置或调整专业，避免出现盲目设置、重复设置等现象。

（一）对地方普通本科院校专业设置与调整实施分类指导

针对不同院校特点提出全省应用型普通本科院校专业设置与调整的指导性意见，引导学校根据自身性质和定位开办专业，突出办学特色。建成一批国家级示范性专业，引领和带动全省应用型本科专业建设发展。地方院校专业设置要突出针对性和灵活性。要与企业、行业、地区经济紧密结合，注重设置面向江苏省优势产业、人才需求量大的实用性专业。创办专业应充分体现地域特色，瞄准区域特色与优势产业发展需要，体现地域特点。

（二）发挥应用型本科教育示范专业的辐射作用

在江苏现有省级特色、品牌专业的基础上，继续重点改革和建设一批社会声誉好、行业企业认可度高、就业率高、优势突出、特色鲜明的专业为省级品牌专业，使之不仅在本科教育领域具有示范作用，并在同行业企业中具有较高的认可度，在社会上享有较高的声誉。

（三）进一步加强特色专业群建设

要结合自身的实际和服务面向的产业领域，在综合分析学校已有的基础、特色、优势的基础上，走自身特色发展之路，适应区域经济发展的需要，依据产业集群或行业产业链，重点建设若干个以重点专业为主干，相关专业为支撑的专业群，达到资源的有效配置。要以市场需求为导向，以课程建设为核心，以团队建设为重点，以基地建设为支撑，以“工学结合”人才培养模式改革为切入点，立足创新，突出应用，强化特色，集中力量办具有学校自身优势、符合产业集群发展的特色专业（群）。要充分发挥特色专业群的引领、带动和辐射作用，提高人才培养质量，增强毕业生的就业竞争力，提升专业服务经济与社会发展的水平与能力。

（四）赋予应用型普通本科院校更多的专业设置与调整的自主权

分别建立和完善专业目录、设置指南和专业设置标准。学校在科学定位和准确了解社会需求的基础上，正确处理好市场多变性和学科专业相对稳定性的关系，依据专业目录、专业设置指南、专业设置标准、本校专业规划和规定的程序，在核定的办学规模内自主设置多元化的专业方向和调整专业。专业目录以外的专业、国家或省严格控制的专业以及教育厅核定的学科门类以外的专业报主管部门审批，并建立学科专业结构调整的自立、自检、自律的良性运行机制。

（五）完善应用型本科专业建设水平评估

吸收行业企业或用人单位人员参与专业教学标准的开发，制定主要包括专业人才需求的社会调查、培养目标与规格、课程结构与体系、核心课程标准、考核项目及要求、专业教学资源配置等要素构成的专业教学标准，以此标准规范专业建设、专业教学及专业评估。特别是要以新办专业为重点，加强对专业办学水平的评估，完善专业评估制度，建立专业质量监控体系。

（六）建立专业设置与调整的信息咨询服务平台

建立全省应用型本科教育专业信息资源库。教育行政部门定期公布地方院校专业设置、专业布点、专业招生、学生就业等情况，政府综合部门及各行业主管部门及时提供江苏省经济、科技、产业发展对专业人才的需求信息，定期公开发布本行业技能型人才需求预测，为各校专业设置和调整工作提供权威、及时、全面、有效的服务。这是地方普通本科院校科学设置专业以更好对接产业发展的基础前提。搭建专业发展的信息平台。包括专业发展现状分析、不同专业毕业生的就业率比较、不同专业毕业生的就业岗位类型及未来专业需求预测等，这些信息应该向全社会发布，让企业、学校和学生、家长对专业发展的现状和前景有充分的认识。

应用型本科教育是一种专业教育，专业设置与建设是对社会需求的反映，也是适应区域经济的最佳契合点。“适应性”是应用型本科专业建设诸多属性中一个十分重要的属性。应用型本科为行业、企业培养高素质应用型专业技术人才，是一种更贴近社会及经济的特殊教育类型。与部属高校相比，应用型本科的性质和职能决定了“地方普通本科院校的专业设置是联系社会和学校的一个纽带”。专业设置与专业建设是地方院校联系社会、服务社会的基点，是学校内涵建设的核心。这就要求应用型本科应对社会需要的专业人才数量和结构的变化有较为灵敏的反应，专业设置与专业建设必须充分发挥行业、企业的作用，与区域经济和社会发展紧密对接，办出水平，办出特色，才能使专业教育的教学工作灵活适应区域经济发展和社会需求，推进应用型普通本科院校科学发展。

第三章　应用型本科专业建设与区域经济适应性——基于江苏省的分析

第一节　应用型本科专业建设的基本原则与主要内容

应用型本科专业建设是高等教育改革的核心内容，是高等教育人才培养目标实现的基本保证。应用型普通本科院校如何遵循专业建设的基本原则进行专业布局，打造品牌、特色专业，并创造保证专业建设的内外部条件是关系到学校生存和发展的关键问题。

一、应用型本科专业建设的内涵

专业建设，是指应用型普通本科高校依据教育部所提供的专业目录进行专业开设与专业结构调整的过程。从本质上看，专业建设需要面向市场，根据社会经济建设发展，适时调整专业结构，改革专业内涵。应用型本科教育专业建设是指某专业根据社会经济和科技发展需要而开发、设计、实施的全过程，主要包括通过社会调研确立的专业种类、名称、培养目标、课程设计、教学文件、实施条件和教材建设等内容。应用型本科教育专业建设是一个动态可调整的过程，与社会经济、科技发展和人才需求密切相关。

应用型本科专业建设可分为宏观建设和微观建设两个层面。就宏观建设层面而言，专业建设主要考虑专业设置、专业布局、专业结构的调整优化、重点专业的建设与扶持，以及主管部门对应用型本科教育专业建设的资源配置、专业建设的管理机制等。微观建设层面是针对具体某一专业而言，主要包括社会发展需求的追踪，制定专业培养目标与规格，制订专业教学计划，以及课程建设、教材建设、实训基地建设、教学方法革新等内容，以提高教学质量为目标。专业建设是应用型普通本科院校内涵建设的核心，是高等教育与社会需求的契合点，也是高等教育办出特色的关键所在。

专业建设涵盖了从专业设置、培养方案、课程建设、教学过程到师资队伍、教学条件、质量保证体系等涉及人才培养的所有环节。其中专业设置是其核心内容。专业设置是指根据社会或行业对专业人才的需求而设定相关专业，是专业形成的起点，是静态的。专业建设是在此基础上，为使具体专业所培养的人才适应社会或行业不断发展变化的要求而进行建设，它侧重于专业发展的线和面，是一个动态发展的过程，是一个把握社会发展变化对专业人才素质要求的脉搏，为提高专业人才适应社会发展变化需要所应具备的素质与个人发展的需求，不断完善或创造条件的过程，这一过程也是专业建设中各个环节的不断健全和完善的过程。只有解决好了以就业为导向的专业设置问题、以专业能力培养为主线的实践教学与实训基地建设问题和以适应专业教学需要的“双师型”教师队伍建设问题，使各个方面形成合力，才能做好应用型普通本科院校的专业建设。

二、专业建设的基本原则

适者生存，强者发展。从这一意义上来说，专业建设的优劣决定了应用型本科院校的生存与发展。应用型普通本科院校如何通过专业建设的优化组合确保未来生存有一个大的空间，又如何通过专业建设的改革创新明确学校的发展趋势？这就要求应用型本科院校要准确把握专业建设的基本原则，适时调整专业建设规划，在制订专业建设方案时既要依据高等教育政策的基本要求，又要根据区域经济发展需要和学校实际情况，以就业为导向，立足当前兼顾长远，突出学校的办学特色，以提升学校的核心竞争力。

（一）准确定位——前瞻性原则

专业建设是应用型普通本科院校发展规划中的一项重要内容，而发展规划的制定必须在准确定位的前提下，具有一定的前瞻性。应用型普通本科院校领导者应立足现实，着眼未来，把握大局，系统思考，对院校的发展定位、发展目标、发展路径及办学思想、办学特色和改革发展中的重大问题做出准确判断和决策。应用型普通本科院校的专业建设必须适应经济与行业发展状况，及与区域的社会发展和经济建设相联系，同时遵循专业自身发展规律，在创新中保持优势。

应用型本科教育在专业建设中不仅要重视“常规专业”“通用专业”，改造“夕阳专业”“传统专业”，还要关注经济规划建设的重点、热点和前沿，注重“新兴专业”“缺门专业”的开发，以适应高新技术产业和新兴行业对人才的需求。

（二）注重需求——科学性原则

需求与可能是做任何事情都可遵循的原则，专业建设同样如此。所以，应用型本科教育的专业建设应在认真分析区域产业背景、行业格局、企业需求和院校自身条件的基础上，科学合理地设定专业培养方向、能力素质标准、课程内容、教学模式、教学手段等，尊重市场经济规律和应用型本科教育的特点，避免随意性和盲目性建设。专业建设中要考虑到社会对人才的需求来设置专业，以市场需求为出发点，对社会需求做出客观、准确的判断，在具体实施的过程中可以聘请本地区经济领域的专家和行业、企业的专家共同组成专业委员会等形式的组织，通过了解本地区现有岗位技术人才的需求状况和社会经济发展趋势，科学地预测人才需求数量与结构，然后合理地进行专业的设置与调整。除了注意社会需求外，还应该考虑到教育者的个人需求，只有将社会需求转化为个人需求，才能构成应用型本科教育的切实需求。人们接受职业教育主要的目的是为了更好地就业，所以学生在选择专业时必然会考虑到就业回报。因此，在专业建设过程中要充分了解学生的需求情况，以需求促进应用型本科教育的可持续发展。

（三）校企合作——适应性原则

专业建设要遵循企业经营发展规律、学生的专业与创新能力培养规律和学校发展的定位与目标。只有遵循这两个规律和学校的发展定位，使校企合作融入专业和课程建设的各个环节，才能真正实施课程教学层面的工学结合，使专业和课程建设具有应用型本科教育的特色。要使专业紧密、能动地适应社会需求，就必须与企业密切合作，随时掌握生产、建设、服务、管理第一线的动态，这样应用型本科教育的专业建设才会真正地适应社会经济发展、区域产业结构调整的需要。

（四）整合资源——示范性原则

专业建设是应用型普通本科院校内涵建设的着力点。应用型普通本科院校在专业建设过程中要集中力量、整合资源，以特色专业建设带动以相关专业为支撑的专业集群建设，形成示范和辐射作用。

三、专业建设的主要内容

专业建设是应用型普通本科院校的基本建设之一，也是一项长期的战略任务，同时又是一项覆盖面广的系统工程，是应用型普通本科院校适应人才需求和引导人才消费的一个基本尺度。

（一）专业设置

设立是指专业的新建与开设，调整则是指专业的变更或取消。可以说，专业设置是实现学校教育目标的重要前提和基础。专业设置的科学与否，直接关系到学校的培养目标、学校的建设与发展、招生与就业、教育投入与办学效益等重大问题。应用型普通本科院校的专业设置反映了学校适应和满足社会发展需求的程度，是学校服务于社会经济发展的具体体现。专业设置包括以下四个步骤：

1. 专业需求调查

应用型本科教育是区域应用技术型与创新型人才培养的主阵地，强调对人才培养的针对性。因此，在进行专业设置时，必须广泛、深入地进行社会调查，明确本地区的产业政策、重点产业、支柱产业及新兴产业。同时，还要进一步了解掌握所开专业的现有基础，以及相应行业的规模、发展趋势、技术状况、岗位设置、人才需求等情况。

2. 确定培养目标

专业培养目标是指专业教育的目的和培养的人才的具体规格。它是专业属性的具体化，是专业社会功能的直接体现。培养目标是专业设置的出发点和归属，是制订专业培养方案、确定课程设置的前提。按照布鲁姆的教育目标分类法，不同专业有不同的培养目标，由于专业设置的层次与类型不同，其培养目标也不相同，因此，应用型普通本科院校应依据自身的层次、类型确定专业培养目标。

3. 制订人才培养方案

制订人才培养方案是专业教学工作的首要任务，是根据专业培养目标而制定的有关课程设置、教学环节、生产劳动、课外活动等内容及其顺序、时数安排的教育、教学指导性文件。任何一个专业必须有独立的人才培养方案，以体现其具体的培养目标和业务范围。人才培养计划既是反映国家或地区对某一类人才要求的基本规格，也是地方院校办学特色的具体体现。因此，学校必须重视人才培养方案的制订工作，为人才培养提供基本依据。

4. 确定课程设置

课程设置是指对一个专业的全部教学科目、教学内容及其进程所进行的系统组合和科学安排。课程设置以专业培养目标和专业教学计划为基础，服务于专业人才培养。由于应用型本科教育强调的是知识技能培养的针对性，培养的是服务于生产、建设、管理、服务一线的高层次应用技术型与创新型人才。因此，应用型普通本科院校的课程设置应坚持“以能力为本位”的课程设置思想，主要用真实工作环境的具体任务和项目来引导课程设置，基于工作过程中的工学结合模式，基于项目的模式、CDIO 模式等，这种设置正在引领和推动应用型大学课程改革的方向。

（二）专业基础能力

应用型本科院校的专业基础能力包括课程建设、教师队伍和实训基地等。

1. 课程建设

课程是提高应用型本科教育教学质量的核心，无论是专业建设还是人才培养模式的建立都必须借助课程这一平台才能实现。课程建设包括课程开发、教学分析、教学设计、教学实施、课程评价体系等主要内容。

课程开发要从社会经济特别是区域经济发展目标分析入手，对人才市场职业特征和职业岗位群具体工作任务、专项能力进行分析，以确定总体目标和对教学基本内容的具体要求。教学分析设计工作就是把已具体化的社会需求的知识、技术、技能列出相应的教学模块，划分课程及实践环节，确定教学顺序，设计教学方式、方法，选编教材及有关参考资料，准备必要的设施和设备，并确定总体教学目标、考核测试标准和方法，同时制定教学质量评价标准和方法。教学组织实施由任课教师完成，是课程的具体应用与体现，实施前应制定一套保证教学实施的教学管理制度，以控制教学过程的质量。

课程评价体系包括制定教学质量评价标准和方案，通过教育行政部门、学生、教师及用人部门的评价等多种渠道，对课程质量进行评价分析。评价内容包括教学大纲、教材、教学方法、考核方法、教育技术、师资结构和水平及教学效果等。评价方法可采取以建立各类指标体系为主的、定量与定性相结合的方法。根据评价结果，进一步完善课程目标，修订教学计划，调整教学方案。

2. 教师队伍

建设一支专兼结合的专业教学团队是专业建设的关键环节，也是实现人才培养目标、保证应用型本科教育质量的重要条件。就应用型本科教育教学而言，其核心问题都是基于行动导向进行教学任务设计，针对能力主题进行学习单元的模块化教学目标设计。而这种基于行动导向的教学设计，要求教师既要具有执教能力，更要具备出色的工程实践能力，只有这样才能确保教学目标的最终实现。目前师资队伍建设的重点，一方面在引进高学历、高职称专业技术人才，特别是有企业工作经历的“双师型”教师。另一方面，选派优秀中青年教师到产学研合作企业去锻炼，增加现有教师的企业工作经历，从而提高他们的专业实践教育能力。这就要求我们制订合理的专业教师队伍的培养计划及方案。首先应有专业带头人发展计划。除此之外，还必须重视专业方向的梯队建设，专业带头人有责任培养自己的专业队伍，老教师要继续做好“传、帮、带”的工作，要有计划地培养专业的接班人，有计划地安排好专业人员的进修、访学，提升专业教师队伍的整体教学水平。

3. 实训基地

应用型普通本科院校的实训基地是指为提高学生的实践和动手能力，由应用型普通本科院校单独举办或与企业联办的实验实习场所。实训基地的基本功能为承担应用型本科教育实践教学、实训教学任务，开展非学历教育职业技术技能培训；负责专业技术技能鉴定考核工作；进行专业研究、技术开发、生产及新技术的应用推广等。应用型普通本科院校实训基地的建设应立足于服务社会、促进地方经济发展，以就业为导向、以学生知识应用能力训练为核心，满足应用型普通本科学校人才培养目标的要求。通过实训基地建设和完善过程中的辐射作用，带动应用型本科教育事业办学体制和运行机制的创新，推进应用型本科教育教学的改革和完善，使应用型本科院校培养学生实践能力和综合应用能力的目标落到实处。

（三）专业管理

管理是指通过计划、组织、领导、控制及创新等手段，结合人力、物力、财力、信息等资源，以期高效地达到组织目标的过程。应用型本科教育的专业管理可以理解为实现预期的人才培养目标，以专业设置为中心进行的一种协调活动。这种协调活动包括对专业的宏观调控及动态调整。随着应用型本科教育的快速发展，专业设置与管理面临的问题逐步凸显，如专业设置随意性强，名称不规范，专业内涵不清，没有统一的专业代码，严重影响了应用型本科专业结构调整和人才类别的统计，不利于国家的宏观调控，也影响社会对人才能力素质的了解和毕业生的就业。因此，必须规范应用型本科教育的专业设置与管理，以促进高等教育的健康持续发展。

宏观建设层面的专业管理包括：国家制定和颁布普通本科高校专业目标，制定专业设置标准等。专业目录是国家对普通本科高校进行宏观管理的基本指导文件，它是设置、调整、开发专业，培养专业人才，安排招生，指导就业，进行教育统计和人力资源规划的重要依据和标准。根据形势的发展需要，专业目录还需及时修订。制定专业设置的最低标准，是为了保证基本教学条件和教育教学质量，为学校申办专业和教育部门审批专业提供规范标准。作为学校层面的专业管理主要是指对教师、教学资源、教学实施等方面的管理。

（四）专业评估

专业评估是以专业为对象，依据评估标准，利用可行的评估手段，通过定性与定量分析，对专业进行价值判断的过程。专业评估既是对学校各种专业的教育质量的评判，也是学校办学水平评估的重要组成部分。专业评估主要是针对专业设置运行的过程和运行的结果进行考核，评估既可找出学校自身办学条件方面的优势与不足，教学管理方面的特长与弱点，还可发现专业设置的数量、质量和所培养目标的能力结构与社会需求、市场需求和个人需求的吻合与差异。

专业评估最直接的作用是推动专业建设，这种作用主要体现在三个方面：一是评估帮助学校正确认识专业建设的内容、要求、标准和责任，规范专业建设的过程和方法，促进学校各级组织、各类人员协调开展专业建设工作，提高专业建设成效；二是评估专家系统地分析教学系部提供的信息，对专业建设情况和成效进行全面的诊断和归因，提出优化专业建设的建议和策略，帮助学校、系部、教研室及时发现专业建设中的问题，保证专业建设保持正确方向；三是评估在校际之间、系部与系部之间、教研室与教研室之间构筑起了相互学习的平台，形成公平竞争的机制，有效地激励先进，鞭策后进。

第二节　应用型本科专业建设服务产业集群发展的具体形式

应用型本科教育主要是为区域经济发展服务的，区域经济结构，特别是产业结构和技术结构的调整和升级，对应用型本科专业结构的调整影响很大。可以说，区域经济中的产业结构、技术结构是应用型本科专业结构调整、改革、发展的主要依据，而专业建设则是应用型本科教育与社会需求的结合点，是保证人才培养质量的首要环节。专业建设对接产业结构，为区域产业集群发展提供全方位的人才，支持应用型本科专业建设，满足区域经济的需要，首先是要从数量上满足区域内产业的需要，通过以区域内产业为导向，对应区域内产业集群发展，开发对应的专业，形成全面覆盖区域产业门类的专业体系，为区域内产业发展提供全方位的人才支撑。区域内产业布局决定区域内应用型本科教育的专业体系和布局。区域之间和区域内部城市之间在自然条件、经济基础、技术结构、人口素质及区域在全国分工中的角色等方面存在较大差异，由此形成截然不同的产业布局，所需要的人才种类繁多。例如，根据江苏省产业布局结构，省域内各个城市的应用型本科专业结构也各不相同，徐州市的工程机械制造业在全省占据主导地位，连云港市在海洋生物及船舶方面优势明显，常州市在新型材料制造业方面有较大发展空间，南通市的家纺业和盐城市的汽车及零部件业较其他地区发达。这种产业分布的地区差异客观上要求区域内应用型本科专业建设涵盖各类产业所需专业，从而为区域内经济发展提供充分的人力资源保障。

一、优化应用型本科专业结构，为区域经济及时提供各类型和层次的人才

区域产业结构不仅是划分产业区域和规划区域产业发展的重要条件，也是区域内应用型本科教育确定专业门类、发展规模和层次的主要依据。应用型本科教育主要通过改造传统专业、增设新专业和方向，以及扶持重点专业建设、带动专业整体发展等手段来不断优化应用型本科教育的专业结构，为区域经济及时提供各类型和层次的技术技能型人才。

（一）改造传统专业，增设新专业及方向，增强应用型本科教育专业对产业发展的适应性

在产业升级和调整的过程中，很多传统专业的优势逐渐消失，服务区域经济的能力逐渐降低，不得不被取消或减少招生数量。但有些专业基于其对区域内产业的基本保障功能，不能因此取消其设置，而应该对接新要求，结合新趋势，积极进行改造，如测控技术与仪器专业，传统的人才培养模式已极不适应产业需求，以高新技术改造传统专业，使其焕发新的生命力。另一方面，在区域经济发展的过程中，新兴产业不断涌现，这些产业的出现要求对应的人力资源支持，这就向应用型本科教育的专业开发提出了新的要求。因此，应用型本科教育的专业开发还必须依据区域经济发展的需要，对接新兴产业的要求，不断增设新的专业或者设置新的专业方向。

（二）扶持重点专业建设，带动专业整体发展，提升应用型本科教育专业建设服务重点产业的能力

应用型本科教育专业建设受到区域产业结构变动和发展趋势的直接影

响。近年来，在国家宏观政策引导下，各地方逐渐加强了对区域内产业结构的规划管理，一方面明确区域内产业发展方向，另一方面对不同产业在区域内的分布进行结构调整，不断优化区域内产业结构，提高区域经济的发展能力。

在区域经济发展的过程中，随着产业结构的不断完善，一些重点产业的地位逐渐确立。这些重点产业是区域内经济发展的龙头，对于区域经济的作用巨大。区域内应用型本科教育的专业结构中，必须明确对这些重点专业的支持，在师资力量、实验实训设施、资金投入等方面予以大力倾斜。这种区域产业发展战略的实施，要求区域内应用型本科教育必须以这些规划为依据，重点发展区域内重点产业所需的专业。例如，江苏省从省级层面树立“依托海洋谋发展”的海洋战略意识，将沿海发展与沿江发展放置同样的战略高度。制定海岸线管控“一张图”，制定《江苏沿海海岸线分段开发与实施规划》，发挥连云港“东方桥头堡”的战略优势，建设“海上连云港”工程，形成海洋经济创新发展的新型临港产业基地；发挥盐城广阔的滩涂和湿地资源优势，大力发展海洋现代种/养殖业以强化农业基础，建成富有特色的盐土农业新格局，打造海洋新能源、滩涂旅游、港口及工业园区基地建设的滩涂新增长点。发挥南通“靠江靠海靠上海”的区位优势，积极构建江海河联运体系，加快临港产业聚集区的形成，要在最前沿对接服务上海。三市合力发展港口物流、海洋交通运输、海洋生物医药、海洋船舶、滨海旅游、海洋工程装备等江苏海洋经济支柱型产业，并对区域内产业发展的方向和结构调整做出了详细规划。其中连云港新型临港产业基地的重点发展产业以海洋生物、造船产业为主导的产业集群，盐城沿海滩涂产业基地的重点发展产业以海洋新能源产业为主导的产业集群。与重点产业集群相对应，南通市应用型本科教育需要重点建设船舶制造类、家纺等类型专业为主导的产业集群，加强与精密仪器仪表、重工起重、机床等产业配套的装备制造类专业的投入；常州市需要对应光伏光电产业为主导的产业集群，重点发展与自动化、新能源材料和现代服务业配套的应用型本科教育专业集群，等等。重点专业的发展与其他专业的发展并不是此消彼长的关系，而是相互促进的关系。重点专业的完善，将带动专业整体发展水平的提高，对于相关专业形成集群，发挥应用型本科教育专业促进区域经济发展的整体优势有着积极的意义。

二、适时调整专业规模，实现对产业发展所需人才的有效供给

产业集群发展是一个动态的过程，其对不同类型和层次的人才的需求

量也是动态变化的。应用型本科教育根据区域内产业人才需求量变化，合理确定和调整不同专业的招生计划，从而实现对区域经济所需的各类和各层次人才的有效供给。

应用型本科教育确定专业规模是一个动态博弈的过程，一方面需要考虑应用型本科教育本身发展的需要，通过招生计划实现应用型本科人才培养规模和人才培养结构的优化，但更重要的是要考虑到区域内不同产业发展的承载力和人才需求的结构，使区域内应用型本科教育各专业招生数量与区域产业发展的需要对接，只有这样才能使得职业教育内部资源实现合理配置，使不同专业之间的培养能力得到充分发挥，保证“进口旺”；同时确保毕业生满足区域内经济对人才素质的要求，能够迅速被市场接受，实现顺利就业，实现“出口畅”。

三、创新人才培养模式，满足区域经济对高水平人力资源的需要

应用型本科教育开展专业建设，根本目的在于培养区域内产业发展所需要的高素质应用型专业技术人才，满足区域行业企业对于高水平人力资源的需要。要实现这个目标，应用型本科教育必须联合区域内行业企业，开放办学，不断创新人才培养模式，一是联合行业企业，研究和调整不同专业的人才培养目标。二是以行业企业需要为导向，改革课程模式和教学方法。

（一）联合行业企业，研究和调整不同专业的人才培养目标

人才培养目标是一个专业建设的基本支点，它决定了专业教学内容、教学安排等内容能否起到实效，决定了应用型本科教育专业能否培养学生形成企业所需要的能力。行业企业是应用型本科教育专业建设的直接服务对象，而职业教育只负责培养，因此培养目标的制定必须依靠行业企业的力量，由院校和行业企业一起研究，最终确定。目前，校企合作委员会和专业指导委员会在地方本科院校已经逐渐推广，企业日益深入地参与到应用型本科教育人才培养目标制定和完善过程中，这对于应用型本科教育对接产业发展需要起到了关键性的作用。

（二）以企业需要为导向，改革课程模式和教学方法

课程模式和教学方法是实现应用型本科教育人才培养目标的途径和方式。有效的课程模式和教学方法能够使应用型本科教育的专业建设取得事半功倍的效果。如果沿用传统知识本位的课程模式和教学方法，无论人才培养目标制定得多科学、多有效，也无法实现专业建设的预期目标。应用型普通本科教育的课程模式和教学方法必须坚持“以就业为导向、创新为

宗旨、能力为本位”的理念，根据不同类型专业的特点，对原有课程进行整合，有针对性地选择项目教学、以工作过程为导向的教学等先进教学方法。实施项目课程、学习领域课程等先进课程模式。在此过程中，应用型普通本科院校将面临一系列具体问题，包括教师理念提高、教师专业实践能力提升、新教材开发等，这些问题的解决不能闭门造车，而必须以区域内企业需要为导向，通过与企业人员共同开发教学材料，研究和改进教学方法、课程模式，共同培训教师实践能力等手段解决。

四、优化区域内应用型本科专业资源配置，促进产业集群发展

专业建设资源是制约应用型本科专业发展的硬性条件。充分的资源支撑是保障应用型本科专业建设健康持续发展的基础条件。应用型本科专业建设在教学仪器设备、实践场所等资源方面需要更多的投入和支持。通过对区域内地方院校同类专业、相关专业的生源、专兼职教师队伍、实验实训设备、配套政策和资金、优质企业等资源进行统筹安排，优化区域内专业建设的资源配置，实现区域内应用型本科教育资源的有效使用，促进区域经济的发展。

目前，优化应用型本科专业资源配置的方式包括区域内大规模的地方教育联盟组建，学校之间针对某专业进行联合培养、学校内部的专业集群建设，等等。就组建地方教育联盟而言，例如，2014 年 11 月，长三角地区应用型本科高校联盟成立，联盟的首批理事单位包括合肥学院、上海理工大学、常熟理工学院、宁波工程学院等 23 所应用型普通本科高校，旨在加强联盟高校之间的合作和交流，促进各高校相互学习和借鉴经验，实现共享教育资源，增强总体实力，形成整体优势，彰显各自特色，为长三角地区社会经济快速发展提供智力支持和人才支撑。将共同推动有关高校建立校校、校企、社会与学校互惠互赢机制，实现地域和空间优势互补，探索应用型本科培养模式，改革产学研合作机制。同时，支持联盟高校优化整合教育资源，实现师资、专业和实习实训基地的优势互补。联盟学校从 2015 年开始，将逐步推进学生课程互选、学分互认、第二校园学习等教学活动，并互派专家、教授开展学术讲座及交流等。

第三节　江苏省应用型本科专业建设基本情况

应用型本科教育的专业结构和区域布局是否合理，关系到应用型本科教育体系与全省经济社会发展能否有效融合，能否培养出适合区域发展的

具有较高素质的劳动者，以实现与产业结构调整合理对接。因此，认真研究应用型本科教育的专业结构和区域布局，有助于创新专业设置，实现与区域发展的合理匹配。本节以江苏省三大经济区域应用型本科专业分布情况为基础，分析了省域内应用型本科教育专业结构布局及人才培养能力等问题。

一、“1 +3” 重点功能区经济发展战略区域的应用型本科教育专业建设情况的调查与分析

研究中主要采用统计调查的方法，2017 年江苏省应用型普通本科院校 21 所，专业点总数 992 个，省品牌专业点总数 47 个。

（一）江苏省应用型本科品牌专业点图分布（见图 3-1）

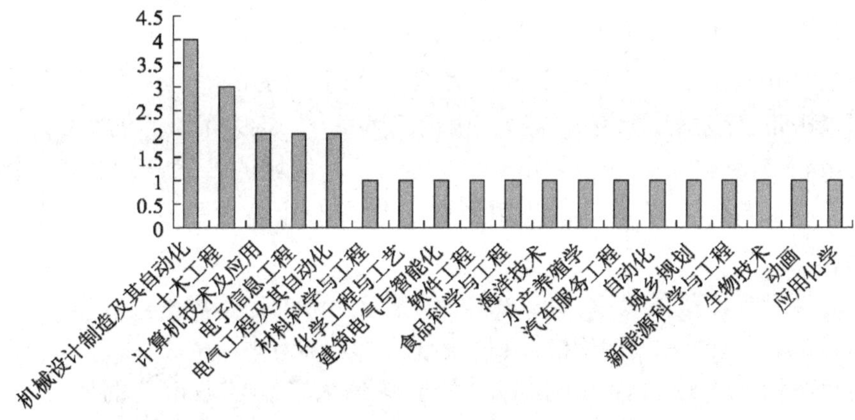

图 3-1　江苏省应用型本科品牌专业点图分布（工科专业）

近年来，江苏省应用型本科教育事业不断发展壮大，质量、规模和效益均迈上了一个新台阶，应用型本科教育健康快速发展，普通应用本科、独立学院应用本科、中职与普通本科 “3 +4” 分段培养、高职与普通本科 “3 +2” 分段培养等方面均出现良好的发展势态，布局结构进一步调整，逐步满足产业经济发展需求。按照职业岗位目录和新职业分类标准及相关职业资格的要求，加强装备制造、新能源材料、交通运输、信息技术、生态农业和现代服务业的专业建设。应用型本科院校依照国家职业分类标准和国家职业标准的要求，调整教学内容和课程体系，改革人才培养方案，突出专业技术技能训练，强化职业岗位能力培养。用新技术、新概念改造提升机械制造、船舶焊接等 20 多个传统专业，用市场需求和信息技术创办港口物流、物业管理等 10 多个新兴专业，全省共建成了 164 个中等职业教育

省级示范性专业。

优势专业设置总体情况。从全省范围的应用型本科品牌专业点分布来看，工科优势专业为机械设计制造及其自动化专业，第二到第五位的专业分别是土木工程专业、计算机技术及应用专业、电子信息工程专业、电气工程及其自动化专业。全省21所应用型本科院校设置机械设计制造及其自动化有14个。传统专业如机械设计制造及其自动化、电气工程及其自动化、汽车服务工程专业等需求量较大；新兴专业和对师资力量、技术力量要求较高的专业开设很少，如新能源科学与工程、光能信息科学与工程、智能电网信息工程等。

（二）江苏省“1+3”经济发展战略区域应用型本科专业地理布局和结构布局

根据江苏省的区域经济发展战略，全省13个市分为三大区域：扬子江城市群（包括南京、镇江、常州、无锡、苏州、扬州、泰州、南通8市）；沿海经济带（包括连云港、盐城、南通三市）；生态经济区（包括宿迁、淮安二市）；淮海经济区（徐州市），这“1+3”区域的自然、社会环境差异较大，经济特色差异明显，应用型本科教育专业建设的水平也存在较大差别。

总体来看，在三大经济发展战略区域中，南京学校最多，在校生最多，招生量最大，扬子江城市群在各项指标方面均处于第一位。生态经济地区在各项指标上比较靠后，该区域学校数量约为扬子江城市群的四分之一、沿海经济区的二分之一。

近年来，江苏省着力优化高等教育区域布局，新建本科院校向高等教育基础薄弱地区、空白地区倾斜，泰州学院顺利建立，宿迁学院也通过教育部专家论证。同时，鼓励支持独立学院从高校较为集中的南京等地，外迁到学科专业与当地经济社会发展契合度较高的苏北苏中地区办学，先后推动南京中医药大学翰林学院迁址泰州、南京邮电大学通达学院迁址扬州、南京医科大学康达学院迁址连云港、南京林业大学南方学院迁址淮安办学。应用型普通本科院校大幅增设战略性新兴产业领域相关专业数，超过同期新增专业数占全省70%，基本形成了以社会需求、区域需要为导向的调整优化专业机制。

江苏省正集中力量办好地方急需、优势突出、特色鲜明的学科专业。其中，为服务培育先进制造业集群，将加快发展新型电力（新能源）装备、工程机械、物联网、前沿新材料、生物医药和新型医疗器械，纺织服装、集成电路、海工装备和高技术船舶、高端装备、节能环保、核心信息技术、汽车及零部件、新型显示等13个产业集群的相关学科专业。为服务提升传统支柱产业和历史经典产业，将重点发展冶金材料、传统酿造、特色饮食、时尚纺织、工艺美术等产业相关产业等。把市场供求比例就业质量作为学校设置调整学科专业、确定培养规模的重要依据。

第四节　应用型本科专业建设与区域经济适应性分析

近年来，我国应用型本科教育发展很快，涵盖的范围和领域也在迅速扩大，随着经济体制改革的不断深入，应用型本科教育体系也进入向市场经济转轨的历史阶段，仍然存在很多与经济社会发展不相适应的地方，江苏同样也面临着这些问题。应用型本科教育的专业建设和区域布局是否合理，关系到应用型本科教育体系与全省经济社会发展能否有效融合，能否培养出适合区域发展的具有较高素质的劳动者，以实现与产业结构调整合理对接，推动地区生产力要素建设。认真研究应用型本科教育的专业建设和区域布局，有助于创新专业设置，实现与区域发展的合理匹配。

一、应用型本科专业结构与区域经济发展相适应的标准

（一）应用型本科专业结构及区域布局与经济发展的适应性评价标准

应用型本科教育是服务于地区经济发展的教育形式，在为地方培养专业人才、服务区域经济发展方面扮演着重要角色。因此，应用型本科专业设置应该从符合地区产业结构的人才需求出发，使专业结构和地区产业结构相匹配、同区域经济结构相适应。应用型本科教育的专业结构是否适应地区经济发展，应当从专业形成的整个过程来判断，看专业设置、调整的过程以及所形成的专业结构是否满足经济结构、产业结构调整的要求。应用型本科专业设置的过程，首先是根据当时的区域产业结构并结合应用型本科教育的专业目录设置一些基本专业，然后在产业结构发生变化时适时调整专业结构、设置新专业并摒弃不需要的专业。另外还需要从培养的人才是否满足市场需要这一方面来判断专业结构是否吻合区域经济结构。综合考虑各方面因素，我们构建了一个分析模式，从以下三方面来剖析江苏应用型本科教育与区域经济发展的适应性问题。

1. 专业设置同经济结构调整的适应性分析

将应用型本科教育所涉及的专业大类分别归入三次产业，搜集各类专业五年时间序列，将各年份三次产业下的专业数量变动情况同三次产业占

GDP 的比值变动情况做比较，如果变动趋势相同，则说明专业数量满足了区域经济发展需要；通过计算新兴专业比率（新兴专业数量/应用型本科专业总数）和新兴专业在校生比率（新兴专业在校生数量/应用型本科在校生数量）判断应用型本科教育是否适应社会经济发展需求。通过这两方面分析，可以判断应用型本科教育在专业设置层面是否适应了产业经济发展。

2. 专业结构同产业结构的适应性分析

在判断已经形成的专业结构是否适应了产业结构发展时，可选择从两个方面来剖析。一方面，将各类专业的毕业生数占毕业生总数的比例同各类专业所属行业增加值占 GDP 比重作比较，同样选择时间序列，若变动趋势基本相同，可认为专业结构适应了区域经济发展。另一方面，将两者作关联度分析，通过关联分析判断两者的关联度，关联度越大，则适应性越大；关联度越小，则适应性越小。

3. 应用型本科教育人才培养同人才市场需求匹配性分析

应用型本科教育是否适应了区域经济发展要求，最终要体现在应用型本科教育培育的人才能否满足区域人才市场的需求。对这一匹配性的分析，最满意的分析指标是人才供给率（人才供给量/人才市场需求量），即将各专业培养人才数量和市场需要的人才数量做比较，人才供给率越接近 1 或者大于等于 1，则越能说明专业结构适应区域经济发展。

二、江苏省应用型本科专业建设与区域经济发展的适应状况分析

（一）应用型本科教育专业结构及区域布局与经济发展的适应性基本判断

根据对产业结构和人才需求状况的分析，对江苏应用型本科教育专业结构和区域布局与经济发展的适应情况进行趋势性的基本判断。

1. 产业结构适应情况分析

江苏省应用型本科教育专业结构与区域布局总体上适应了当前的产业结构状况，基本满足了江苏经济发展的人才需求。按照《普通高等学校本科专业目录》的专业类别，将现有专业划归到三次产业，并将三次产业占总产值的比例和各产业所含应用型本科毕业生比例作比较，借以分析应用型本科教育和产业结构的适应性。三次产业所含专业毕业生占比的增长趋势与三次产业占地区生产总值比例的发展变动趋势基本相符，这说明江苏应用型本科教育在人才培养上大体顺应了产业发展变动的趋势。

由于机械制造类专业在应用型本科教育中占比较大，技术性特点也较为突出，江苏又是装备制造大省，以机械设计制造类专业为例，大体可以

看出江苏应用型本科教育发展与经济发展的趋同性。机械设计制造类专业同装备制造业有密切的联系，该类专业培养的毕业生主要流向制造业领域，所以，用毕业生数量同装备制造业增加值作比较，可以简单看出两者的关联关系。机械设计制造类毕业生数量和装备制造业增加值在趋势上是基本同向的，这说明机械设计制造类专业的专业结构和人才培养满足了装备制造业的人才需求，是以行业发展方向为基础进行应用型人才培养的，从而说明它基本适应了装备制造业发展。

2. 需求适应情况分析

据省人才中心的人才供求分析报告，江苏人才供求的结构性矛盾仍然很突出，这种人才供求的结构性矛盾与应用型本科教育的发展息息相关。

从学历需求比重来看，在 2016 年需求岗位中，需要本科以上学历的仅占 0. 8%，需要本科学历的占 25%，需要本科以下学历的高达近 75%，而在供给岗位中，本科以上学历的占 1. 3%，本科学历的占 38%，而本科以下学历的占不到 61%，低于需求比例 14 个百分点，可以看出较低学历的人才供求情况相对较好一些，可以说，应用型人才教育的进一步发展还具有较大的空间。

从职业需求看，2009 年排行前 10 位的职业是市场营销、财会金融、机械仪表、高级技工、行政管理、计算机、管理工程、服务岗位、建筑地产、教育与培训，供给的顺序与需求基本相同。特别是市场营销职位需求占到了 2009 年岗位需求的四分之一。虽然其中很难细分出职业教育的各专业需求情况，但可以通过职业排行和职业教育专业结构进行大致的比较，基本判断职业教育布局与经济发展适应情况。部分专业类别的快速发展较好地适应了经济发展变化，比如加工制造类专业几年来增长较快。但也有部分专业发展与需求脱节，2009 年市场营销、广告企划、服务等专业类人才供不应求，尤其是既懂专业知识，又懂市场营销的人才供求更加紧张，从 2009 年职业教育专业设置和招生人数、在校生人数、毕业生数量等方面来看，市场营销类、服务类专业设置缺口较大，专业点数和人数的比重都比较小。2009 年中等职业学校市场营销专业点数为 30 个，仅占总数的 1. 2%，在校生 2 436 人，仅占总数的 0. 5%。

技工的需求大幅提高，特别是具有实际操作能力的技能型人才供不应求。根据省人才中心统计，2009 年一季度全省各级人才市场技能型人才需求为 213 710 人，而进入市场的这方面的求职人员仅为 15 344 人，从数量上看只能满足一半左右，如果从质量上看，满足率可能还要更低一些。企业需要的是毕业后就能够进厂工作的技工，当前部分地方普通本科学校由于设施不配套、经费不足等原因，缺乏对学生实际操作能力的培养，而培养这类人才恰恰是应用型本科教育的重要方向，也是当前江苏应用型本科教育与经济发展不相适应的最迫切需要解决的问题。

（二）“1+3”区域产业发展的职业教育需求与应用型本科教育专业结构调整

随着江苏经济结构的不断调整和推进，扬子江城市群、沿海经济带、生态经济区、淮海经济区三大区域经济板块的发展布局已经初步形成。从产业结构上看，由于各自的地理位置、资源、人力构成等各种客观因素，也逐渐形成了区域间的较大差别，经济总体发展水平也有很大不同，三大区域的经济发展初步具备了区域特色，产业发展方向已经初步确定，逐渐开始形成各自的重点产业。

应用型本科教育的发展要适应江苏的人才需要，专业结构和区域布局要适应江苏经济区域产业布局的需要。江苏各区域仍存在着产业雷同的现象，因此，江苏的应用型本科教育专业布局要强调全省协调，区域可以略有侧重。要充分了解全省产业对应用型本科教育的专业需求，实现现有专业资源的整合，同时提升规模和专业水平，依托地区产业优势，建设特色专业。

沿海经济区依托3个城市，不仅拥有良好的基础设施和产业基础，更重要的是拥有巨大的发展空间。这一区域经济发展充分发挥了沿海地域优势，外向型经济特色明显；不仅传统产业实力雄厚，同时也拥有着较多的新兴产业；装备制造、造船、冶金、电子工业、造纸产业、食品加工、石化工业、临港产业等支柱产业规模较大；现代物流、贸易和航运、金融保险服务、科技服务、信息服务和文化创意等服务产业发展迅速；经济快速发展形成了对资金、人才等要素的强大需求，是重要的资源输入地区。

从应用型本科教育专业结构来看，目前沿海经济区拥有应用型本科高校4所，有着比较齐全的专业门类，信息技术、加工制造、社会公共事业类等门类专业发展比较成熟，拥有计算机及应用、机械制造、材料科学与技术、化学工程与工艺、电气自动化等重点专业。要满足沿海经济区的人才需求，就要充分了解这一区域产业特色及新兴产业的发展情况以合理设置专业。重点发展先进制造、现代物流、贸易和航运、金融保险、高新技术、信息技术和文化创意等方面的专业。

三、应用型本科教育与区域产业适应中存在的主要问题

应用型本科教育专业结构受到许多方面的影响和制约，但最主要的是

受经济结构的制约，从宏观经济学的角度看，产业结构的调整实际上是资源配置关系的改变，而在资源配置关系中，产业结构的不断调整和升级不仅在改变着劳动力的需求结构，而且对人才类型、规格和层次提出了更全面、更严格的要求。江苏应用型本科教育在适应区域产业发展中做出了积极的努力，取得了一些成绩，但仍存在一些不可回避的问题。

（一）专业结构还不能完全适应区域产业结构

应用型本科教育的专业布局还不够科学，与产业不能较好匹配，结构性过剩与不足同时并存。一方面是部分专业过剩，就业不充分。另一方面还存在局部供应不足的状况，部分经济发展急需的专业供应不足，企业很难及时得到所需人才。特别是一些新兴产业，学校的专业设置还相对滞后，不能及时跟上产业发展需求。

“十二五”期间江苏省加快产业结构优化升级，2010 年三次产业结构为 8.9 : 54 : 37.1，属于典型“二三一”结构，以装备制造、新型原材料工业和高新技术产业为主导产业。《江苏省国民经济和社会发展第十二个五年规划纲要》中也着重提出，江苏省要全面提高工业核心竞争力和综合实力，重塑工业大省形象。目前江苏省地方普通本科院校专业结构基本适应产业结构，但仔细探析仍存在一定的偏差。主要表现在第一、二产业专业开设相对不足，第三产业专业开设相对过剩。一些办学投入相对较少的财经类、管理类和文化教育类专业领域出现严重的过剩现象，而农林牧渔、材料能源、轻纺与食品及制造大类专业的发展缓慢，部分专业设置滞后，与江苏地区以装备制造、原材料、交通运输、化工、现代农业及现代服务业等产业为主的发展布局还不相协调。与行业需求紧密相关的专业点数量相对较少，如现代服务业、高新技术产业等新兴现代产业。

（二）专业设置缺乏长远规划

缺乏充分的市场调研和科学有效的管理，导致专业设置随意性比较大，专业设置和教学内容与实际就业需求联系不够紧密，没有充分考虑当前的人才需求和未来需求人才的储备。其根本原因如下：一是专业设置缺乏标准。没有详细的专业设置标准，没有明确的培养目标，和人才岗位也没有很好地结合。二是缺乏专业评估体系。没有完善的专业评估体系，不能够对现有的和将要设置的专业进行客观有效的评估，专业设置和取消比较随意，难以保证专业设置的合理性。三是缺乏宏观调控。国家对应用型本科教育缺乏整体上的宏观调控，也是当前专业设置比较混乱的原因之一，学校争上热门专业，专业重复设置、区域布局不合理等现象都在一定程度上存在着。应用型本科教育的相关规划需要进一步完善，提高规划的科学性和操作性，明确发展战略方向、宏观调控手段，加强国家宏观调控和指导。

（三）专业集中度不高

专业集中度可以反映出一个学校办学特色是否明显。目前很多院校在专业设置上存在大而全、小而全、缺乏特色、效益低下的问题。全省应用型普通本科院校中品牌专业仅占专业总数5%左右，这些专业虽然加强了院校办学竞争力，产生了一定的示范作用，但是从整体来看，由于数量有限，团队优势彰显不足。

（四）教学团队建设有待进一步加强

专业教学团队是地方院校专业内涵建设的重要内容，也是提高人才培养质量、办出应用型本科教育特色的关键。近年来应用型本科教育的快速发展，在比较短的时间内对应用型本科高校教师的数量和质量都提出了很高的要求，特别是在教师队伍的专兼职比例、专业教师的双师素质等方面还需进一步加强。

（五）精品专业品牌效应不明显

从当前整个应用型本科教育专业分布结构看，精品专业比较少，普通类专业较多，特色专业比较少，热门专业比较多。精品专业和特色专业是学校发展壮大的重要因素，很多学校还没有精品专业或者精品专业品牌效应不明显，没有形成具有自身特色的专业，不能够依靠专业特色来提高学校知名度和影响力。

四、应用型本科教育专业结构与区域布局的总体思路和基本原则

（一）应用型本科教育专业结构与区域布局总体思路

应用型本科教育的专业结构与区域布局要立足于服务区域经济和社会发展，以就业为导向，以专业的优化调整为手段，创新专业设置，健全专业设置标准，完善专业评估体系，构建动态调整机制，强化国家宏观调控能力和手段，努力做到科学规范、快速推进、切实有效，最终形成与区域产业结构相适应，具有鲜明地方特色的专业结构和区域布局。

（二）应用型本科教育专业结构与区域布局遵循的基本原则

1. 就业优先原则，满足市场需求

应用型本科教育是专业教育，是一种新的教育类型，最根本的目的是通过对高层次应用型人才的培养，满足社会的人才需求。因此能否就业是专业设置最优先考虑的问题，要按照社会需求来进行人才培养。

2. 合理匹配原则，适应区域经济社会发展

要充分了解当地经济社会发展情况、资源优势、产业结构、劳动力素质及各行业人才需求状况，进行合理的专业设置安排，建成科学合理的、适合当地人才需求的专业结构，努力做到应用型本科教育结构与当地经济社会发展合理匹配。

3. 适度超前原则，避免人才培养的滞后

应用型本科教育不仅仅是简单适应产业发展需求，还要适度超前于产业发展，来带动区域产业升级。随着科技发展和产业的不断升级，新技术、新工艺和新行业也在不断产生，应用型本科教育在专业设置上考虑现实需求和条件的同时，要有适度的前瞻性，充分了解本地产业发展规律，提前设置未来几年内需要的专业，停办即将要淘汰产业相关专业，保证专业技术人才的及时供给。

4. 规范运行原则，保证应用型本科教育质量

专业设置和调整必须规范运行，要设立相关标准，建立科学的评估体系对专业设置进行科学评价。比如，师资队伍状况、教学设施是否具备、经费是否充足等。只有具备设立专业所需这些条件，才能开设相关专业，有效避免不具备条件的学校盲目设置专业，导致毕业生水平参差不齐，无法满足社会需求。

五、应用型本科教育专业结构调整与完善区域布局对策措施

应用型本科教育的专业设置是连接学校与社会、教育与经济的纽带，也是检验应用型本科教育对区域经济发展满足程度的关键环节。完善应用型本科教育的专业结构使之适应区域经济发展的需要，关键是如何创新专业设置。一方面要避免专业发展“滞后”缺陷，另一方面又要摒弃“市场化的短期行为”弊端。专业建设和设置要呈现出稳定与动态相结合、长线与应时相补充的特征。要建立起科学的专业设置模式和灵活的专业调整机制，通过开设一些“短线”和“应时”专业，以适应劳动市场和产业结构带来的变化。同时，要花大力气建设“长线”品牌专业，凝练专业方向和专业特色。选择以品牌专业建设推动专业群或专业链发展，进一步提高应用型本科教育人才的就业能力和市场竞争力。

（一）建立政府主导、行业企业参与、学校实施的专业设置管理模式

在发展应用型本科教育中，政府、行业企业和学校都有各自不同的责任和职能，各自起着不同的作用和功效。在应用型本科教育专业设置过程中，他们的作用与功能也有所不同。协调、整合三方各自的功能，建立一

个科学、实效，能够促进应用型本科教育专业建设的管理模式，对我国应用型本科教育发展将会起到积极的推动作用，继而保障地方普通本科院校的专业设置与区域经济发展的有效融合。

在《中华人民共和国高等教育法》及各项促进应用型本科教育发展的有关决定中，对政府在应用型本科教育中的地位、作用及职责都做出了明确的定位。无论是从促进经济社会发展，提高劳动者素质，还是从维护社会稳定，增强劳动者的就业能力来看，政府对发展应用型本科教育都负有重要责任。政府所拥有的行政权力决定了政府在发展应用型本科教育中的主导作用，这种主导作用具有不可替代性。应用型本科教育在市场经济条件下很难自我调适，因此，政府作为公共利益的代表，就应当在应用型本科教育的发展中起主导作用。通过政府对应用型本科教育主导作用的实施，彻底改变应用型本科教育专业设置的随意性、缺乏长远规划、教育资源浪费、供需不协调等现象，消除应用型本科教育的急功近利，为地区经济发展做好人才的储备工作。地区经济发展目标是地方政府制定的，地区产业发展规划、经济结构调整规划也是地方政府依据本地经济发展状况、发展目标完成的。因此，为避免应用型本科教育与地区经济发展相脱节的弊端，地方政府应该在地区经济发展的人才需求方面，制定“高层次应用型人才培养规划”，用以指导和调节地方本科院校的专业设置、招生数量，实现人才培养与区域经济的有效融合。

行业企业作为人才的需求者、使用者，应该更多地关心、积极参与应用型本科教育的专业设置、课程安排、实训计划等，为培养更多更好的高层次应用型人才贡献力量。尽管在我国的就业市场为“买方市场”，但作为构成国民经济基本单位的企业，应该从社会发展的大局出发，积极配合学校开展合作办学，提供实训基地、就业渠道、市场信息。政府应该制定相关政策鼓励、支持行业和企业参与到应用型本科教育的专业设置中来，实现供需双方的有效结合。再者，学校培养人才的使用者是企业，质量的高低与企业生产经营息息相关，可以说，企业关心职业教育就是关心企业自身的发展。

学校是负责高等教育产品生产的基地，学校教育对大学生的成才发挥着至关重要的作用。因此，培养目标的确定、专业设置、每个专业的具体培养方向、培养人数、具备的技术水平、课程设置、实训计划、教师队伍建设等都是要由学校来完成。学校必须主动与当地政府部门、相关行业和企业建立起有效的信息沟通渠道，了解地区经济发展、产业结构调整、行业规模走势状况，掌握各部门（行业、企业）人才需求状况，本地区同类人才供应状况，自身专业人才培养优势等，依此设置本学校的专业和学生培养方向，实现学校专业设置和专业建设与区域经济发展的有效匹配。

（二）搭建两个长效信息平台——社会需求信息平台与院校供给信息平台

信息的不对称、沟通的不及时、学用脱节是导致学校培养的学生与社会需求不相适应、“适销不对路”的根本原因。为破解“一方面高水平应用型人才稀缺、一方面人才市场普通本科高校学生就业难”现状，关键是要把供需双方的信息对接好，形成一个畅顺的信息交流渠道，学校按照行业企业要求、地区经济结构调整的变化培养出适应社会发展需要的专业技术型人才，实现供需专业结构的动态平衡。

需求平台主要是由地方政府人事部门、行业协会和企业来搭建。地方政府部门依据对地区经济走势、经济结构调整趋势、产业发展动态、行业人才供需状况等的掌控，整合各行业以及企业对专业技能型人才的需求，建立起地区经济发展人才需求信息平台，并对地方普通本科院校定期发布，为他们进行专业调整提供长期的信息支持。

供给平台主要由地方政府教育主管部门、地方普通本科院校搭建，为社会及时提供本地区应用型本科教育院校专业设置统计、各专业在校人数、年招生情况、就业率统计等信息，引导学校在面向社会自主办学过程中建立自我发展、自我约束机制，加快应用型本科教育专业结构的整体优化。教育部门要与其他政府相关部门实现有效对接，并形成长效机制，指导专业设置的长线与短线相结合，实现与区域经济发展的有效匹配。

（三）创新三个机制——资金投入机制、专业准入机制和动态设置机制

要实现专业设置与区域经济的有效融合，必须创新地方普通本科院校的专业设置机制。从专业的准入、资金扶持、结构调整等方面实现对学校教育资源的合理整合，按照长短结合、冷热结合原则构建专业设置的动态机制，按照区域产业结构调整与人才供需状况，科学确定本地区人才培养规划。

1. 完善资金投入机制

应用型普通本科院校大多数是省属高校，我国的高等教育实行的仍是国家投入为主的发展模式，各地方政府对应用本科教育的资金的实际投入有限。为主导应用型本科教育的专业设置，政府相关部门可以通过调整对地方普通本科院校的投入方式来鼓励和限制各专业招生计划，也可以通过

政府购买培训成果来实现对应用型本科教育人才的培养计划。在构建政府主导高层次专业技术人才培养模式方面，江苏省委、省政府进行的大胆探索值得借鉴。他们在教育经费特别紧张的情况下，通过3种方式不断加大对区域发展急需的高层次技术型人才培养的投入。应用型高校办学经费投入持续增长。2016年，江苏省全年地区生产总值76 086.2亿元，比上年增长7.8%，经济总量位居全国前列。“十二五”以来，江苏省高等教育投入稳定增长，省属应用型本科高校生均财政拨款基准定额由2010年的4 800元提高到2015年的10 800元。2014年，基础办学条件和教学仪器设备、实验室建设、实验教学运行等经费投入持续全国领先，实验室面积和教学为主实验室面积分别为256.02万平方米和200.99万平方米，实验室建设经费为5.30亿元，居全国之首。为了支持优势学科工程建设，江苏省财政从2010年起连续6年每年投入专项经费10亿元。

2. 建立规范的专业准入机制

应用型本科教育的任务以培养知识、能力和素质全面而协调发展，面向生产、建设、管理、服务一线的高级应用型人才，其产品形式是为消费者提供专业教育服务。建立规范的专业准入机制就是要按照严格规范的专业标准来设置专业，这是办好应用型本科教育不可或缺的基础性工作。目前，我国应用型本科教育在专业标准不规范方面导致了人才培养的不均衡性及随意性，以致造成人才与资源的闲置和浪费。一些行业出现了技工严重短缺，而在人才市场上却有大批职业院校的毕业生找不到工作。这种供需不对称的症结主要是由于应用型本科教育的产品不能很好地“适销对路”、教育部门与用人部门之间缺乏有效的交流与合作。同时应用型本科教育市场缺乏有效的规范和监控，没有明确的专业标准、缺乏严格的专业准入机制也是原因之一。

规范专业准入机制，主要是通过制定专业标准来保证办学的专业质量。专业标准是国家相关部门颁布的强制性的各专业的科学规范和基本要求。规范专业准入机制，一是要按规范的专业目录来设置、调整学校的专业、制订人才培养方案、组织教育教学、安排招生、组织毕业生就业等。专业目录也是行政管理部门进行教育统计、招生录取和人才预测等工作的重要依据，同时也是用人单位选用毕业生的重要资料。二是要明确专业设置应达到的各项标准，如专业的能力标准、核心课程标准等，用以检验和衡量学校所培养人才的社会适应能力、技能水平及综合素质。三是要严格审核开办专业的基本条件，包括办学的基础条件和专业教育条件。对不具备开办专业基本条件的地方普通本科院校应严格限制其开办该专业，以从源头上保证专业的教育质量。四是要建立一套专业教育质量评价指标体系，用以评估学校所开办专业的质量状况。

目前，对于应用型普通本科院校的专业设置，国家教育部门在宏观上的调控权限基本下放给了地方，地方教育行政部门对本科教育的专业设置实行的是放开的办学方式。同时，由于部属院校、省属院校分属不同的管理部门，专业设置标准不同，专业设置审批机构不同，形成了互不沟通、互抢生源，专业数量、学生数量、专业类型、专业结构、专业布局缺乏宏观调控，这种专业设置管理各自为政的方式目前暴露出的种种弊端已经大面积显现，一些应用型普通本科院校在利益和竞争压力的驱动下，“一哄而上”现象普遍，不管条件具备与否，盲目上马所谓的“热门”专业，加剧了普通本科院校之间的无序竞争。因此有必要严格规范专业准入制度，强化政府对应用型本科教育专业设置的宏观管理，调控人才培养的专业方向，满足地区经济发展的需要。

3. 创新专业设置动态机制

职业教育是直接为地方经济发展服务的教育，社会的不断进步和经济结构的调整预示着未来人才需求结构的变化，人才需求结构的变化必然要求应用型本科教育的专业结构随之调整。应用型本科教育专业设置和专业建设，随着经济社会的发展而产生，同时也要随着经济社会的发展而发展。社会的发展、科技的进步、经济的昌盛、市场的繁荣，需要更多的新型人才，这就要求应用型本科教育的产品必须适应新的市场需求的变化，必须要适应地区产业结构的变化，必须适应科技进步的变化，必须适应社会发展的要求，同时也要适应教育发展的规律。地区经济发展需要就是地方普通本科院校设置专业的基本方向。创新专业设置的动态管理机制，一是要瞄准市场，找准服务位置。专业设置要与区域经济发展的状况相同步、相匹配，时刻关注地区产业结构调整、新兴产业崛起、主导产业发展、社会分工变化、职业结构变化及专业设置趋势等，客观评估自身条件，找准自己为社会服务的位置，及时、准确、科学地设置专业。二是要优化专业结构，强化创新应用型能力的培养。优化专业结构要做到以特色专业为龙头，以精品专业为骨干，形成自身专业特色。同时，专业设置的结构一定要体现地方性和行业性。从劳动力市场和职业岗位分析入手科学合理地进行。课程建设一定要以培养学生的能力为中心进行构建，要紧密围绕专业培养目标，特别是核心课程的目标（标准）要明确具体，以地区产业要求标准为准则，教学过程要强调开放性和职业性。三是要长短结合，稳定性与灵活性相统一。应用型本科教育的发展有其自身的规律，专业设置和专业建设不能脱离实际违背教育固有的成长模式。近些年，由于利益驱动，一些地方的应用型本科教育盲目跟风，不顾自身条件，年年换专业，没有不能办的专业，没有不能开的课程，专业数量增长之快，专业变化之频繁令人瞠目。保持相对的稳定性对地方普通本科院校及其专业设置的形成和完善是非常重要的，也是人才培养质量和教学工作良好秩序的保证。专业设置必须考虑教育的连续性、周期性及专业的相对稳定性。要建设好长线专业以保持学校的专业特色，同时在长线中增加短线作为调整和补充，在主干专业、长线专业设置的基础上，增设短线专业、热门专业、新兴专业，及时调整专业方向，使专业设置积极适应社会需要。

（四）构筑一个完善的应用型本科教育专业设置评估体系

专业设置评估是保证专业教育质量的重要措施，也是国际上专业教育质量相互认可的重要依据。在我国职业教育办学实践中，对职业院校专业设置进行科学、准确、系统、实效的评估还不到位，评估体系更不完善。因此，应该发挥政府的主导作用，按照《中华人民共和国高等教育法》的要求，建立符合国际规范又适应我国应用型本科教育实际的评估指标体系、质量体系、评估过程控制等，提高评估的科学性、规范性，加强制度化、法制化建设，形成对应用型本科教育质量稳步提高的有力保障。

构筑完善的应用型本科教育专业设置评估体系，第一，要构建一个科学、客观、可操作的评价标准。评价标准要以专业规范为依据，体现社会对人才需求的多样性，体现对专业能力的测试程度，同时也要体现专业设置的前瞻性、可持续性等。第二，要建立一系列的评价指标，形成一个完整的体系。评价指标是评价标准的具体体现，一套科学的评价指标体系就是一套具体的、行为化的、可操作性的、可衡量等级的专业质量评判依据，是对评估标准的具体化。指标体系要定性指标与定量指标相结合，这样才能完整、准确地实现对专业质量的评估。第三，要建立一系列的评估制度机制，包括评估的组织管理、参与人员的遴选、参与机构的认定、规范评价方案等，以保证评估的科学、客观、准确。

（五）实现创新专业设置的四个突破

创新专业设置就是要使得应用型本科教育服务区域建设、服务产业建设。要进一步明确应用型本科教育的发展定位，提高学校专业设置与地方产业结构需求的适应度，大幅提升应用型本科教育对区域经济社会发展的贡献度。通过创新专业设置，建设一批特色明显、质量过硬、具有示范作用的高水平精品专业，并以此带动学校专业结构的整体优化和专业建设水平的全面提升，对地区经济发展、教育水平提高、人才供给能力的增强具有重要意义。

1. 突出精品专业设置，树立地区专业品牌

创新专业设置首先就是要突破旧有专业建设理念，突出精品专业的设置。地方普通本科院校的精品专业应是适应地区经济社会发展需要的专业或高新技术应用专业，应具有明显的优势和实力，在本地区同类专业中达到领先水平，在人才培养上具有明显特色，社会和考生普遍认可。精品专业是地方普通本科院校的支柱和窗口，创建精品专业就是要强化先进的专业建设理念，建立与就业岗位高度一致的专业人才质量标准和教学标准，建立符合专业技术型人才成长规律的教学模式，建立促进教师队伍成长的队伍建设模式，建立保障教学质量要求的管理模式，形成特色化的建设模式。

精品专业的设置首先要具有前瞻性，要具有创新导向功能。应用型普通本科院校是为地区经济发展服务的，因此学校精品专业的设置和建设，必须适应区域经济结构、产业结构调整和就业市场变化的需要。根据区域经济发展趋势、地区支柱产业和主导产业发展要求进行培养目标、培养方案的调整，确保适时供给企业急需的高级技术技能型人才。其次要体现技术性，要具有创新导向功能。地方普通本科院校的专业建设应侧重于专业技术、技能型人才的培养，学生的专业知识、能力构成应面向明确的应用型人才岗位，专业建设、课程设置、教学内容、教学手段等要体现应用型人才岗位的指向性、针对性和适应性。三是要有独特的区别于同类专业的鲜明特色。精品专业的特色包括专业水准、教学手段、师资队伍等，更集中体现在人才培养方案的设计、人才培养过程的实施和人才培养质量的保障方面。输出的毕业生既要满足社会需要，又要得到广大考生及家长认同，同时高层次应用型技术水平适应岗位要求，是精品专业特色的主要标志。四是要能体现实用性。精品专业的设置就是为了满足地区经济发展实际需要，因此，专业人才培养目标定位要准确，知识、技能、素质与目标定位要一致。要根据产业领域和专业岗位（群）的任职要求，积极与行业企业合作开发课程，建立突出应用型能力培养与训练的职业教育课程标准，按学生就业岗位构建一个“基础宽、技能精、针对性强、适应面广”的课程体系，按照产业发展趋势改革教学内容，提高学生专业素质和创新能力。

2. 实现专业超前设置，引领地区经济发展

专业设置要突破传统的先有产业、后有专业的观念，要从被动适应向主动引领转变。应用型本科教育要立足当前，适度超前，实现人才的战略性储备。要对地区经济发展走势进行科学预测，按照构建服务型教育体系的要求，对区域经济可能出现的产业转型升级进行提早规划、提早准备，实现应用型本科教育专业设置的引领发展。一方面要做到专业设置的科学规划，要紧跟地区经济发展形势需要，依据地区资源现状、产业构成、人才供应状况及整体经济发展趋势，为地区经济发展提供急需人才；另一方面，专业设置要具有超前性，为区域经济转型升级做好人才储备，争取做到区域经济发展大量需要人才的时候，学校可以及时有效供给，彻底改变对接滞后局面。同时，应用型本科教育要具有引领地区经济发展的驱动作用。通过大批专业技术创新型人才的培养，促进地区经济新兴产业的创办和兴起，助推地区产业结构的优化与调整。

3. 完善专业集群建设，实现区域教育资源的有效整合

应用型本科教育的专业设置是面向区域经济不同行业中不同的专业分工进行的，因此，应用型本科教育的专业设置具有明显的自身规律。对应用型本科教育而言，所说的专业集群，不是简单地等同于专业目录、课程设置，而是一个包含教学资源、师资配备、实训体系在内的系统。它是由若干个专业技术基础相同或紧密相关、表现为具有共同的专业技术基础课程和基本技术能力要求、并能涵盖某一技术或服务领域的、由若干个专业组成的一个集群。

专业集群的构建要与区域经济发展相结合，要围绕地区产业，构建与该产业发展要求相一致的专业群体系。通过研究区域产业结构调整态势、产业结构的发展方向、行业发展的重点，预测区域经济未来发展的走向，特别是针对那些具有发展潜力的朝阳产业，依据学校的客观环境和自身条件，通过地方普通本科院校教育资源的有效整合，选择一些与本学校所办专业相匹配行业，作为专业集群建设和发展的背景与依托，实现专业的超前设置。专业集群的构建要为地区经济发展服务，要围绕专业岗位群构建专业集群。应用型本科教育的专业能力要与地区行业发展中的应用型人才要求紧密相连，专业设置要以技术岗位为依据，与技术岗位要求相一致。专业集群的构建要考虑企业岗位的设置要求和标准，针对某个行业相关的职业岗位对人才的技能要求来设置应用型本科教育的专业，用以满足企业岗位群的需要。专业集群建设关系到应用型本科教育专业布局和办学特色

的形成，同时也是融合区域经济发展系统工程。在专业集群建设过程中，要把客观环境和自身的具体条件相结合，从学校所处的专业能力、行业背景、区位优势出发，突出自身比较优势，努力在几个专业集群上办出特色，特别是将专业集群中的核心专业作为建设的重点，提升精品专业比例，创建学校的品牌优势，带动整个专业集群的发展。专业集群建设是一个逐步发展的过程，要从行业和社会发展的实际需求出发，结合学校拓展新专业的可能性，逐步推出新的专业方向或相近相关的新专业，构建起一个以重点建设专业为龙头，相关专业为支撑的独具特色的专业群体系。

4. 加强校企合作，实现开放办学的重大突破

加强校企合作是应用型本科教育改革的方向，要培养出适合企业需求的技术人才和高素质的创新人才，就必须使应用型本科教育与生产管理和社会实践紧密结合，必须走校企合作办学之路。学校的专业设置与专业建设，只有通过开放办学，加强校企合作才能得到提升。

应用型普通本科院校应该根据“服务区域经济建设，培养合格的应用型本科人才”的办学方向，利用“学校 + 企业 + 社会”的合作机制，优化专业设置结构；按照“互惠互利、合作共赢”校企合作原则，努力推进专业建设与区域经济的有效融合；遵循“面向市场、服务社会”的应用型本科教育发展思路，牢固树立面向经济、服务经济的理念，创新人才培养模式。校企合作具体选择什么样的模式，应以校企双方互惠互利、合作共赢为基础。根据我国目前的国情和条件，根据不同的区域经济发展情况、不同的校情、不同的专业特点，在不同的发展阶段采取多渠道、多层次、多模式的“校企合作”“产教结合”。可采用松散型合作模式，通过组建由政府、行业（企业）、学校三方人员参加的教学指导委员会，与企业建立起长期稳定的校外实践基地，形成联盟合作机制，实施“项目式”培养模式；也可以采用紧密型合作模式，依托行业协会构筑校企股份合作、定向服务等新合作机制，学校的专业设置、课程安排、技能培养都直接面对定向的行业或企业，确定合作培养的方向和目标，形成校企的直接对接。

应用型本科教育专业结构与区域布局的合理匹配、有效融合，涉及政府、学校、企业和社会多个方面，它不单单是学校自身的事情。市场经济的建立使应用型本科教育面向社会自主办学的权限更大了，面向社会开放的领域更广了，应用型本科教育结构优化与提升的空间更大了。但是，从目前应用型本科教育发展的实践看，市场确实存在一定的盲目性，如果应用型本科教育发展一味地跟着市场感觉走，必然会使应用型本科教育的专

业结构、层次结构、形式结构的调整与发展失去依据，失去方向。因此，要优化学校的专业结构，使之更好地为地区经济发展服务，政府必须加强宏观规划、政策引导、质量监控、分类指导，以保证应用型本科教育结构发展的方向。

第五节　应用型本科专业建设与江苏服务型制造业产业集群适应性分析

产业集群具有独特的集中化、专业化、网络化、地域化等优势，在提升区域竞争力、促进创新、带动地区经济发展等方面起着重要作用。江苏作为制造业大省，工业经济体量位居全国第一，2014 年，各地区制造业增加额增幅平均高于 10%。江苏（营业收入）百亿元工业企业超过 100 家，达到 500 亿元的企业超过 10 家，达到千亿元的有 7 家。目前，江苏制造业产业集群开始突显，专业化协作和分工配套程度日益提高，但其中心辐射能力有限。江苏制造业从中心城到外围的带动力影响不足，还难以构建能够拉动区域经济发展的链条式关系；劳动密集型产业在制造业占主导地位，产业层次单一，与制造业配套的生产性服务业发展滞后；自主创新能力不强，创新投入力度不大，产学研结合层次不高，科教、人才等方面比较优势未得到充分发挥，创新成果转化能力远低于装备制造业强国。重工业主导趋势明显，工业化程度持续提高，同行业结构优化趋势明显，区域竞争比较优势增强。如今顾客需求的关注点从产品物理功能向个性化和便捷化服务转变。在现今国家产业链重构的背景下，江苏省正努力建设服务型制造业产业集群，研究应用型本科教育专业与江苏服务型制造业产业集群适应性问题将有助于江苏装备制造业基地人才的合理构建，实现教育资源与区域发展的合理匹配。

一、江苏省服务型制造业产业集群发展基本情况

江苏服务型制造发展较快，但是大部分区域的制造业基础薄弱，2015 年制造业总产值仅占江苏省的 28.17%，一半以上为低技术制造业，高技术制造业比重较小，并且部分高技术产业缺乏核心技术，主要分布在加工组装部分。2016 年 5 月，国务院发布《关于深化制造业与互联网融合发展的指导意见》，希望通过信息技术的广泛应用，促进互联网和制造业的协同发展，优化制造业的创新能力和质量品牌效应。“互联网 + 服务型制造”的本质为基于数据化、智能化、协同化和服务化 4 个方面的考虑。总体而言，江苏省

服务型装备制造业已形成一定规模的产业集群。工程机械制造业、汽车制造业、医疗器械制造业的产业集中度远高于全国平均水平，规模优势较强。

工程机械行业是江苏的优势产业，全省有20多家工程机械规模型企业，产品门类齐全，在全行业20个大类产品中有10多个处于全国领先水平，为我国的农业机械、交通运输机械及基础设施建设提供强有力的支撑。工程机械业抓住了乡镇工业化发展的第一次机遇，即使在制造企业这类技术壁垒相对较高的企业中，不乏知名企业，如沃德集团前身是镇江丹阳的一个皮城，发展成今天营业收入达到百亿元的大型企业。徐工等企业在近年来持续发力，无论是从科研投入还是从新产品诞生来看，都有着长足的进步。在配套领域，非常具有代表性的恒立油缸在产业升级中表现突出。

二、江苏地区应用型本科教育服务型制造专业建设存在的问题

（一）以校企合作为特征的应用型普通本科院校人才培养机制尚未健全

大多数地方普通本科院校教学内容还是偏理论，没有形成培养学生应用能力的理念，缺乏应用性和开拓精神。应用型普通本科院校的定位是服务地方，为了能够培养出适应地方的人才，必须与地方支柱产业企业紧密结合，实现与地方经济的良性互动。从校企合作的形式来看，江苏地方普通本科院校多数是订单式培养、共建学生实习基地等，合作程度不够深入，而且从政府的角度来看，地方普通本科院校校企合作受传统管理模式和教育主管部门的影响，没有弄清学校和企业到底是怎样的关系，因而校企合作制度、应用技能型人才需求平台、教学质量状况有待进一步提高。其次，江苏应用型普通本科院校校企合作存在学校重视合作，企业轻视合作的现象，在整个过程中学校始终处于主动地位，主动提出方案与企业对接，企业则根据现实效益分析处于被动地位。企业都是以经济效益为目的，在校企合作过程中只为学校和学生提供一般的服务成本，不愿意为培养应用型人才支付更高的成本，由此导致学校和企业各自的资源不能充分利用，优化整合效果不明显，从而影响应用型专业的建设。江苏省在这一领域尚未建立起有效的机制，缺乏促进企业参与应用型本科教育的有效手段，也缺乏相应的法律保障和制度支持。虽然相应法律法规中有积极发展行业职业教育、鼓励企业参与办学等规定，但因为缺乏鼓励行业和企业办学的具体措施，所以行业、企业也缺乏办学的积极性。

（二）对企业生产经营项目缺乏深入了解，应用型本科教育“应用性”不强

多数地方普通本科院校与相关行业之间尚未建立起应用型本科教育行

业指导的相关组织或机构，教育部门和应用型普通本科院校几乎包办了专业人才培养工作的全部过程，包括确定培养目标、制订教学计划、组织教学和评估等。其结果是应用型普通本科院校教学与企业需求脱节，人才培养缺乏针对性，专业建设缺乏基本的需求分析和整体规划，存在低水平的重复。应用型本科高校必须要了解企业一些大的生产开发项目，以开展校企合作的高校，应该主动了解掌握企业生产经营状况，并据此调整专业和教学计划，使学生真正能够解决企业项目的用人需求。

（三）毕业生应用能力与服务型制造业的需要存在较大差距

据对应用型普通本科院校调查，专业实用性及学生的应用能力堪忧。通过对企业的调查，有80%的企业对所聘用的应用型普通本科院校毕业生知识和工作态度基本满意，有70%的企业认为毕业生的实践应用能力和对不同岗位的适应能力还比较欠缺。现在的在校生是江苏省四年内服务型制造业人才的后备军，但从这些学生目前的能力素质看，与服务制造业企业技术和生产经营不相适应。学生质量本身就不高，再加上许多应用型普通本科院校在课程设置、教学内容选择及教学设计上没有充分考虑企业的实际需求和学生的职业发展规律，专业教学内容不能满足企业技术和劳动组织发展的需要，造成毕业生无法在短时间内满足用人单位的要求，需要企业进行较长时间的二次培训，即使是专业对口也需要重新接受培训。应用型普通本科院校在人才培养方式上存在两种倾向，一种是体现为理论性课程偏多，实践性课程偏少，专业技能缺乏相应的训练，培养的人才应用能力不强；一种是由于对“能力本位”中能力的狭隘理解，单方面强调技能，忽略了对基础理论和技术理论的学习，以至于毕业生在企业的适应性不强，发展后劲不足，在企业调整过程中被淘汰。这些问题对专业建设也是不利的。课程设置与专业培养目标之间存在矛盾，课程内容改革不够深入，课程设置难以适应专业培养目标的需要。

（四）专业设置同质化，专业集群重叠

目前，江苏许多地方普通本科院校都在追求综合化，设置的专业横跨学科门类越来越多。在设置专业时不根据自身办学情况，不考虑地方经济社会对人才的需求，只顾经济效益，盲目跟风设置与自身毫无关联的专业，过分追求“高大上”，导致许多院校专业设置雷同，低水平重复办学现象严重，从而影响毕业生就业，社会认同度低。例如国际经济与贸易、旅游管理、财务管理等专业的开设所需投入较少、成本低、易招生且收益高。理工类专业过于集中在电子信息工程、物联网工程，这些专业性强的专业重复设置会导致培养的人才在就业市场上彼此容易产生激烈的竞争。因此，对于通过设置更多的专业来招生的做法是不切实际的，虽然通过生源的扩招能带来更多的办学经费，但是专业的同质化导致毕业生面临更大的就业压力。而且这类专业如此往复可能会陷入恶性循环：专业同质化—就业压力大—专业变“冷门”—专业发展水平低，应用型普通本科院校在设置新专业的时候要充分考虑与地方经济社会的契合度，避免趋同现象的发生。

（五）师资队伍不合理，双师型教师比重低

江苏应用型普通本科院校有15所位于地级市，受地理位置、区域经济状况等因素的制约，难以吸引人才，所以多数应用型普通本科院校师资力量不足。学校为了快速发展盲目地引进教师，只追求数量，忽视质量，对应聘者的学科专业和知识结构要求较低，一些校内行政部门招聘时更是打出专业不限的条件，降低门槛，从而导致应用型普通本科院校师资结构不合理的现象越来越严重。师资队伍的不合理必然影响教学活动的开展，专业建设也就显得力不从心。地方普通本科院校在转型发展过程中，必须贯彻落实人才优先发展的战略，把加强师资队伍建设作为学校转型发展的要点。一方面，江苏应用型本科院校专业建设想要科学化，必须把师资队伍建设排在前位，建设一支高水平、双师型、适应学校发展需求的师资队伍尤为重要，师资队伍是影响专业建设、保障教学质量的关键因素，是应用型普通本科院校强校之基、竞争之本。所以，江苏应用型普通本科院校要不断完善双师型师资队伍培训、积极引进高素质高技能型人才、全面提高教师队伍学历水平，完善师资队伍。另一方面，应用型普通本科院校应该紧扣应用型人才培养目标，采取多种措施完善双师型师资队伍。学校教师是教学工作的主要承担者，随着实践教学越来越重要，学校更需要双师型教师的加入，目前江苏应用型普通本科院校双师型教师的数量比例并不高，就制造类专业来看，专业课教师在课堂教学方面优势较强，但在工程应用实践经验方面较为欠缺，技术更新滞后，影响了教学质量。

第四章　对接区域产业链统筹应用型本科专业集群建设

在江苏实施产业集群发展战略中，特别重视不同区域产业发展特色，强化区位优势和产业基础优势。各地区根据自己独特的产业结构和资源状况，合理分工，集中打造本区域特色产业集群。应用型本科教育强调对接地方产业链，统筹专业群建设，调整地方普通本科院校专业布局和结构，以适应产业集群发展对人才培养的需求。本章以盐城地区为例，剖析应用型本科教育专业集群建设如何对接区域产业集群建设。

第一节　盐城地区在江苏沿海经济带开发开放战略中的地位

江苏沿海经济带的开发建设，就是要发挥沿海区域的区位和资源等独特优势，通过统筹规划，重点开发，整合资源，集聚优势，逐步建成体制机制新、开放程度高、牵动作用大、竞争实力强的沿海经济地带。《江苏省“十三五”海洋经济发展规划》重点打造“一带两轴三核”，实现海洋重大生产力布局新突破。作为“三核”节点之一的盐城拥有最长海岸线和最深的开发腹地，区位优势明显。

一、盐城沿海经济开发战略地位和作用

贯彻落实《江苏省“十三五”海洋经济发展规划》，形成区域发展的核心和制高点，培育和形成新的经济增长极，有利于提高盐城的综合实力和核心竞争力，更好地发挥引擎作用，促进江苏及长江三角洲地区全面振兴，有利于打造沿江地区对外开放的门户，积极有效地参与东南亚及其他国际区域经济合作。

（一）盐城发挥沿海经济带的区位优势

盐城是江苏沿海中心枢纽城市，是目前江苏唯一、全国第十家同时拥有空港和海港一类开放口岸的地级市。海岸线长达582公里，占全省的56%，滩涂面积680多万亩，占全省的66%，海上风电资源1 470万千瓦，占全省的70%，年平均日照1 400小时左右。盐城港“一港四区”建成万吨级码头泊位17个，货物吞吐量大幅增长。目前正加快大丰港区10成吨级深水航道和20万吨级散货泊位、滨海港区10万吨级码头泊位、射阳港区通用码头三期工程、响水港区5万吨级码头群建设。盐城港成为中韩陆海联运、粮食储运、进口木材、进口活牛、整车进出口五大特色基地。临空临港的双重优势为盐城加大对外开放提供了有利契机，是地方物资集散、要素转化、资金配置、信息交换、人才集聚的重要平台。盐城有2所本科院校，12所中高等职业院校，市级以上独立科研机构8所，实施“515”人才引进行动计划，全民创业蓬勃兴起，新增各类企业3.8万家。列入省沿海开发5年推进计划的78个重点项目，累计完成投资3 626亿元，50多家央企在盐城投资85个重大项目，总投资1 828亿元。“东向出海、南接沪深、西向开拓、北连央企”全方位开放格局初步构建。

（二）盐城推进特色沿海产业发展目标

1. 综合实力显著增强

沿海地区经济保持中高速增长，到2020年，地区生产总值和一般公共预算收入占全市比重达55%以上，全市新增经济总量、一般公共预算收入和全社会固定资产投资60%来自沿海地区，经济支撑力和带动力明显增强。

2. 空间布局优化提升

临海高等级公路沿线综合开发加快，大丰和滨海南北“两核”互动发展，东台、射阳、响水和亭湖“四区”特色发展，沿海重点镇及有关开发园区竞相发展，到2020年，沿海经济区规模以上工业开票销售达到3 000亿元，对全市工业经济增长贡献率超过50%，形成优势互补、错位竞争、充满活力的“一带两核四区多节点”沿海经济新高地。

3. “三港”融合全面推进

坚持港口、临港产业、港城融合发展，到2020年，全市港口、港产和港城投资超2 000亿元，盐城港“一港四区”实现货物吞吐量1.8亿吨以上，5个港城均集聚5万～10万人口规模。

4. 转型升级步伐加快

产业迈向中高端水平取得成效，到2020年，沿海战略性新兴产业年均增速20%以上，现代服务业增加值占比达到45%以上，全市海洋新兴产业产值占规上工业产值比重达到5%左右。

5. 开放空间日益拓展

推动中韩盐城产业园建设，打造江苏“一带一路”建设先行基地和开放合作门户基地。全面启动江苏滨海新区建设，打造淮河生态经济带出海门户基地和海江河联动发展基地。深化与沪浙深、宁苏常等地合作，打造面向长三角、珠三角的产业联动集聚区。扩大央企和大型国企在盐战略合作投资，布局国家和省级以上重大产业项目，到2020年，央企投资项目突破100个。

（三）盐城发展沿海特色产业的重点任务

1. 大力推进沿海特色产业体系建设行动

聚焦产业强市，招引重大项目，培植龙头企业，发展特色产业，打造东部沿海蓝色经济新的增长极。

一是着力推动沿海产业升级。组织编制产业发展指导目录，推进沿海经济区、滨海新区和“一港四区”发展重点产业，大力实施“一园一业”，打造沿海特色产业经济区。发挥我市港口岸线、盐田滩涂的独特优势，抢抓区域产业布局调整机遇，尊崇市场机制规律，推动沿江地区钢铁、石化、建材等基础产业和龙头企业向我市沿海地区升级转移，建设长江经济带产业转移承接重要基地。瞄准央企国企、世界500强和大型民企，加快招引港口依赖型重大产业项目，着力培育临港支柱产业，积极发展海洋新兴产业，打造沿海一体化特色产业。到2020年，全市海洋经济形成1 600亿元以上产业规模，成为全市经济快速持续发展的重要引擎。

二是加快发展沿海特色产业。积极支持清洁能源、海洋新兴产业发展，充分发挥“资源换产业”引导作用，全面实施沿海岸线、滩涂和风光等战略资源管控，着力提升资源统筹利用水平和项目综合开发效益。优先发展新能源装备、海工装备、海水淡化成套装备等优势产业，打造沿海先进制造业基地。清洁能源产业，推进国电投协鑫超净燃煤发电、滨海港和大丰港储配煤中心、中海油LNG及其综合利用等重大项目建设，引进大型清洁能源一体化项目。到2020年，构建以煤、电、气、化为基础的千亿级清洁能源全产业链。新能源装备产业，大力发展风电、生物质能发电、太阳能发电等装备制造业，建设新能源工程实验室、工程研究中心、企业技术中心等各类研发机构和产业化基地，到2020年，全市形成500亿元以上产业规模。海工装备产业，重点发展海洋监探测装备、海洋工程配套装备、海水养殖及海洋生物资源利用装备、深海油气资源开发装备，引进大型海洋工程装备企业区域制造总部，到2020年，全市形成200亿元以上产业规模。海水淡化成套装备产业，依托新能源淡化海水产业示范园，重点发展海水利用关键装备、创新应用与工程服务，到2020年，全市形成150亿元以上产业规模。海洋生物产业，做大海洋基础产业规模，重点发展海洋生物医药和功能食品、海洋生物制品、海洋工业原料和生物材料，引进国家重点实验室和工程实验室，到2020年，全市形成300亿元以上产业规模。沿海现代农牧渔业产业，大力发展滩涂和近海设施养殖及远洋渔业，试点推广种植耐盐水稻，重点实施沿海百万亩现代渔业产业带、辉山乳业全产业链等重大项目，打造具有盐城特色的农产品加工产业集群，建设一批年销售超百亿元的农产品加工集中区，到2020年，沿海现代农牧渔业实现产值500亿元以上。

三是培育壮大海洋服务产业。大力发展现代港口物流、海洋生态旅游，催生沿海新经济、新业态，打造一批省级服务业集聚区和特色小镇。加快集装箱码头和各类大型专业化码头建设，完善大丰港、滨海港、射阳港和响水港等港口服务功能，建设港口大宗物资的经销中心、价格中心和市场分销体系，支持涉海电商企业建立跨境电子商务交易平台和“海外仓”，实施多式联运示范工程，推动港口物流业国际化、专业化、规模化发展。积极发展海洋生态旅游，依托丹顶鹤和麋鹿自然保护区，整合沿海湿地、滩涂、风光、森林等资源，实施旅游精品战略，引导发展邮轮经济，打造集观光休闲、健康养老、娱乐竞技于一体的沿海旅游产业集聚区。推进互联网、大数据等新一代信息技术向海洋渔业、海工装备等产业渗透。到2020年，海洋服务产业规模达到800亿元以上。

四是大力发展临港支柱产业。支持重点沿海经济区发展临港支柱产业，严格执行国家产业政策和钢铁兼并重组、石化产业定位等新要求，聚焦产业集群发展，创新链条关键环节，加大对外开放合作力度，招引临港产业龙头企业，推进沿海产业转型升级和企业改造提升。钢铁产业，主动承接沿江产业转移，重点发展钢材深加工产业，到2020年，全市加快培育一批钢铁绿色智能制造工厂。石化产业，布局建设大型企业转移石化产业基地，瞄准高端产品创新制造，转型提升沿海化工园区，推广先进适用清洁生产技术，到2020年，全市形成600亿元以上产业规模。新材料产业，按照“建设专业园区、实施重点项目、培植骨干企业、突破重点技术、培育名牌产品”五个一批标准，打造国家火炬计划新材料产业基地，到2020年，全市形成600亿元以上产业规模。

2. 扎实推进沿海港口基础设施建设行动

加快以港口为龙头的沿海集疏运体系建设，构建布局更合理、功能更完善、服务更高效的现代基础设施网络。

（1）加快深水大港建设。围绕港口资源整合和港口一体发展的要求，按照上海港宁波港喂给港、江苏港口集团组合港和淮河流域及里下河地区产业港定位，创新推动盐城港“一港四区”联动协同发展。加快大丰港区15万吨级深水航道和20万吨级散货泊位、滨海港区10万吨级进港航道、射阳港区5万吨级进港航道、响水港区5万吨级码头群等工程建设，加快推进滨海港30万吨级深水航道前期工作，完善公共基础设施，提升港口综合能级。支持盐城港滨海港区、射阳港区和响水港区申报国家一类对外开放口岸，支持射阳港区和响水港区口岸临时对外开放，支持大丰港区和滨海港区申报综合保税区，支持大丰港区申报汽车整车进口口岸。努力打造以15万吨级以上泊位为龙头、10万吨级以上泊位为主体的东部沿海重要枢纽港，到2020年实现沿海港口货物吞吐量1.8亿吨以上。

（2）加大集疏运体系建设。推进淮河入海水道二期航道、盐宝线、连申线响水段等高等级航道建设，实现主要港口、省级以上开发区与通榆运河之间直接相连，千吨级船舶直达上海、安徽等地，形成通江达海、连通京杭运河、辐射里下河及淮河流域的航道联运体系。加快建设盐连快铁、盐徐高铁、盐通高铁、盐宁高铁联络线和盐泰锡常宜高铁。开工建设大丰港铁路支线，加快推动滨海港铁路支线、射阳港铁路支线前期工作。开工建设盐城至南京高速、阜建高速南延北接工程，启动研究淮安至滨海港高速公路、宁靖盐高速北延至山东、射阳港高速公路、东台接通南京高速公路，争取列入省高速公路网调整规划。加快建成盐城南洋机场航站区改扩建工程和高铁综合客运枢纽，形成由高铁、海港、高速、空港、航道等构成的沿海综合开放大通道。

（3）加强能源基地建设。优化能源布局结构，完善开发体制机制，大力发展海上风电、太阳能光伏，加快煤炭中转储备、石油天然气储运设施建设。争取在我市沿海地区建设大容量、高效率、低排放的支撑性电源。进一步提升盐城电网主干网架输送能力，缩短电源项目并网周期，为电力能源送出提供保障。加快推进陆上风电建设转向海上风电，全力打造“海上三峡”。按照集中式和分布式发展并举的原则，推动集中式光伏电站加快建设，利用屋顶资源大力推广分布式光伏发电项目。新建一批燃机热电联产项目和调峰发电项目。布局建设中石油中俄东线天然气管线、中石化江北成品油主干线、滨海港 LNG 配套管线等输气油管网。到 2020 年，风电装机容量达 600 万千瓦，占全省风电装机比重达 50%；光伏装机容量达 300 万千瓦，占全省光伏装机比重达 30%；新能源发电量占全市用电量 25%。

（4）构建泛在普惠信息网络。建设沿海新一代信息基础设施及下一代互联网、新一代移动通信网、数字电视网等先进网络。实施“互联网 +”行动计划，发展物联网、云计算、大数据，建立政务民生、智慧产业、信息融合、信息基础设施和信息消费推广开放平台，促进以大数据为代表的互联网经济向规模化、高端化发展。探索利用清洁能源推进大型数据中心建设，引导数据中心向大规模、一体化、绿色化、智能化方向发展，打造国家级云计算绿色数据中心存储基地。

（5）强化沿海挡潮和水资源安全保障。加大水利基础设施投入力度，组织实施淮河入海水道二期工程，完成川东港、射阳河、新洋港、黄沙港等骨干河道整治，加快建设陈家港水库，推动面上中小河流整治，大力实施城市和港城防洪工程，推进海堤堤线调整达标建设，下移部分沿海挡潮闸，进一步提高流域区域防洪排涝标准。推进东台条子泥等重点滩涂围区供水和沿海引江调水工程建设，实施扩大沿海引江供水范围工程，为沿海滩涂围垦开发和港区港城生产生活增加淡水资源供给。

3. *积极推进港产城融合发展行动*

加快建立港产城融合发展体系，推动形成以沿海中心城市为依托、沿海港城新区为支撑、公共服务一体为纽带的港产城联动发展格局。

（1）发力沿海中心城市建设。按照智慧、人文、生态、宜居的要求，进一步优化空间结构，夯实产业基础，提升大市区综合服务功能和核心竞争力，加快建设现代化、国际化、绿色化、特色化的江苏沿海中心城市，打造长三角世界级城市群北翼门户。推动中韩盐城产业园、国家级经济技术开发区、国家级高新区、盐城综合保税区等国家级产业园区产城融合，推进环保科技城、大数据产业园、智能终端产业园、沪苏大丰产业联动集聚区、苏盐沿海合作开发园区等特色产业园区提档升级，培育先进制造业、生产性服务业、海洋经济、大数据等现代产业，打造标志性产业创新高地。推进盐丰一体化发展，加快沿海板块和内陆板块在基础设施、产业发展、公共服务等方面协调发展，推动中心城区功能向半小时交通圈地区扩散。进一步提升中心城市国际化水平，广泛开展城市对外交流合作，加快建设国际社区、国际学校、国际医院及韩国城综合体等配套设施。积极提升县城和重点镇建设，推动大中小城市互动发展。

（2）加快沿海港城新区建设。深入实施“多规合一”，建立健全规划体系，促进港产与新区相互配套、协调发展。优化提升临海高等级公路沿线城镇总体规划，完善基础设施，强化服务功能，促进人口集聚，建设一批产业特色鲜明、环境生态宜居、文化传承弘扬、服务功能便捷的魅力港城港镇。大丰以港城和日月湖旅游度假区为依托，加快建设东部沿海生态旅游港城。滨海以月亮湾港城和滨海港生态旅游度假区为依托，打造淮河出海门户城市。东台以沿海经济区、弶港镇和条子泥为依托，打造集生态居住、绿色制造和现代服务于一体的滨海新城。射阳以射阳港经济开发区、黄沙港镇、海通镇和射阳日月岛生态旅游区为依托，打造长三角休闲旅游目的地。响水以工业经济区、陈家港镇为依托，加快建设灌河流域海滨新城。亭湖以黄尖镇、盐东镇和珍禽自然保护区为依托，打造国家级生态旅游区。

（3）推进港产城服务一体化。重点加快生活配套服务功能及港口物流服务、商贸加工服务、创新创业服务等与港口、产业发展关联度较高的城市功能建设，提升社会保障、现代教育、卫生医疗、公共文化服务、公共事务协同治理、协同创新平台等公共服务保障水平，进一步推动产城融合发展。加大教育人才引进和对外合作办学力度，支持普通高中开展国际项目交流合作，推进职业院校加快建成长三角北翼职业教育示范样板区和东部沿海“蓝黄”技能人才聚集区。积极开展沿海医院与大医院名科、名医合作，推广健康医疗大数据应用，探索创新生态养生与健康养老服务模式。深入实施基本公共文化服务标准化、均等化工程，继续推进公共文化设施免费开放，加强沿海历史文化名镇、名村保护建设。加快搭建社会治理和平安建设协作平台，全面提升社会治理效能。鼓励国家科技兴海产业示范基地、国家火炬计划新材料产业基地及海洋生物实验室等一批国家及省部级工程技术（研究）中心发挥创新骨干作用，加快培育科技型中小企业。加强中汽中心（盐城）汽车试验场等检验检测公共技术服务平台、东台等涉海企业军民融合服务创新平台建设，推动先进技术双向转移转化。推进沿海创新孵化平台建设，建立沿海新兴产业促进创新中心。开展政产学研合作，建立健全产学研协同创新机制，构建产业技术创新联盟，联合组建区域性技术转移中心，探索成立技术产权交易市场和创业资本市场。

4. *着力推进沿海绿色发展标杆行动*

突出创新引领，坚持生态立市，拓展蓝色经济新空间，构筑生态环境新支撑，增添区域发展新优势，引领和策动东部沿海地区跨越发展。

（1）创建国家海洋经济示范区。积极开展资源集约利用、海洋产业集聚、陆海统筹发展和生态环境保护等创建国家海洋经济示范区专项行动，着力形成以绿色发展为标志的沿海开发模式，进一步推动国家绿色产业发展基地建设。重点实施清洁能源、新能源汽车、新能源装备、海工装备、海水淡化装备、海洋生物等绿色产业集聚创新工程，布局建设国家清洁能源基地，积极创建全国重要的合金新材料基地，加快建设东部沿海汽车名城和国家新能源汽车产业基地，全力推动融风电、光电、生物质发电于一体的国家新能源综合示范区、国家科技兴海产业示范基地和国家绿色食品产业基地建设。到2020年，创成具有滩涂保护开发利用特色、盐田综合开发利用特点和海江河联动发展特征的国家海洋经济示范区。

（2）打造区域合作共建园区先导示范区。全面融入长三角城市群一体化发展，主动承接长江经济带产业转移，积极推进国家特色产业基地建设。打破区划限制，优化调整布局，接受经济辐射和要素溢出，加强园区共建和产业对接，进一步发挥沪苏大丰产业联动集聚区、苏州盐城沿海合作开发园区等区域合作共建园区先发优势，探索建立产业园区共建共享的“飞地经济”模式，加快建设东部沿海现代大工业和上海科创中心制造业集聚区，打造创新发展、特色发展的国家区域产业合作示范区。进一步推进我市特色产业经营模式、管理方式和组织机制创新，推动长三角新能源汽车产业研究院、大数据产业研究院等融入国家制造业创新中心建设体系，支持风电检测国地联合工程实验室、清华大学烟气控制国家工程实验室、复旦大学大气污染防控研究中心等高层次创新平台建设，以此带动环保科技城、大数据产业园、智能终端产业园、科技兴海产业示范基地等园区载体产业配套服务能力提升，打造国家级大数据产业集聚区、中国节能环保产业“硅谷”、国家电子信息产业基地等国家级特色产业基地园区。

（3）构建“一带一路”开放发展战略支点。重点支持“一带一路”中韩盐城产业园开放合作门户和江苏滨海新区淮河生态经济带出海门户建设，打造产城融合、集约紧凑、功能完善、生态良好、管理高效的现代化城市综合功能区。加快中韩盐城产业园建设，加强顶层谋划，创新合作机制，实施软硬件“双提升”行动，推进中韩自贸协定政策先行先试，加快建成中韩产业合作示范区。积极推进江苏滨海新区建设，以深水良港为龙头，盐田资源为支撑，加快构建滨海港15万吨级以上码头泊位群、30万吨级深水航道、滨海港铁路支线、滨海港疏港高速及疏港航道等滨海港集疏运体系，招引布点重大产业项目，以大资源带动大工业、大产业，打造国家清洁能源示范基地和国家江苏滨海海江河联动发展示范区。

（4）推动黄金海岸经济带建设。优化临海高等级公路沿线产业形态和空间布局，扎实推进沿海“一带两核四区多节点”建设，加速形成沿海绿色港口群、港产群、港城群和风光带，打造黄金海岸经济带。重点实施三个“三位一体”工程，即推进沿海深水港、临港产业园和重点中心镇等载体平台协同建设，经济节点、交通设施和生态景观等综合功能一体发展，深水大港、临港产业和海洋经济等特色优势联动打造，形成临海产业集聚、新型城镇示范、绿色生态引领，成为江苏沿海经济走廊和生态廊道。

5. 稳步推进沿海发展体制机制创新行动

深化沿海发展体制机制创新，统筹推进金融服务、项目招引、人才支撑、绿色发展等领域综合配套改革，持续释放沿海开放开发新动能。

（1）开展投融资体制创新。率先建立沿海园区投资项目审批服务代办制，对投资项目行政审批事项和公共服务事项进行自愿委托、全程服务、合法高效、上下联动代办，为投资者提供优质、高效、便利的投资服务环境。推动基础设施建设 PPP 模式，放宽民间资本进入领域，加大 PPP 项目推介力度，完善基础设施 PPP 项目库，重点推介市区综合客运枢纽、内环高架三期等重大基础设施项目，形成示范效应。创新企业债券发行品种和方式，扩大规模范围，拓宽渠道领域，探索“项目收益债 +”“资产证券化”组合式融资模式，发挥创新品种对沿海产业项目、基础设施、实体经济等支持力度。加快沿海产业发展基金建设，吸引社会资本参与合作，推动港口、海洋经济和临港产业加快发展。

（2）实施“双招双引”机制创新。选优配强园区领导班子，将改革闯劲足、发展思路清、推进实招多、业绩过得硬的优秀干部充实到沿海一线。联动构建产业招商平台，实施“百亿项目、百亿企业”沿海双百引培工程，推动在引进培育 50 亿级、100 亿级的重大产业项目和沿海特色产业一体化的关键节点项目上实现新突破，重点组织深圳海洋经济招商、北京央企对接合作和上海共建园区招商，推动领导招商、园区招商、以商引商，切实提高招商成效。着力推进招商政策创新，探索“资源 + 产业”“园区 + 基金”“产业 + 基金”“政府 + 社会”等合作模式，充实招商政策工具箱。强化创新人才队伍建设，实施“515”人才引进计划，着力招引一批熟悉新经济、从事新产业、精通新业务的高端人才和领军团队，搭建“双创”人才服务直通车平台，每年举办企业家知名高校培训、管理者挂职交流等活动，全面提升企业家和职业经理人的经营管理水平，形成引才、留才、育才的政策环境。加强园区招商队伍建设，实施招商队伍建设3年行动计划，坚持引进和培养相结合，建立一支懂招商、会招商、招到商、招“好”商的专业化招商队伍，加强技能培训，完善激励机制，吸引和留住招商优秀人才。

（3）推动绿色发展机制创新。制定主体功能区实施规划，严格划定城市边界红线、海洋生态红线、永久基本农田和生态保护红线，大力推进沿海生态保护系统建设。率先建立沿海战略资源监管机制，组织执行滩涂围垦开发、岸线保护利用和能源统筹使用专项规划和管控方案，提升项目综合管理效益和资源统筹利用水平。加快滩涂综合开发保护利用试验区建设。推广土壤改良、保护性耕作等技术，强化农田滩涂生态系统。开展能源和水资源消耗、建设用地等总量和强度双控行动。实施沿海湿地生态修复工程。依托珍禽和麋鹿两大保护区核心区设立生态保护特区，申报世界自然遗产。深入推进沿海产业园区循环化改造和生态工业示范园区建设，加快构建循环链接的园区产业体系。推进国家湿地公园、森林公园和百万亩生态防护林建设，打造沿海森林城市、森林小镇和森林村庄。

（四）把发展产业集群作为城市经济结构调整和主导产业优化升级的重要着力点和突破口

充分发挥盐城市的产业区位和资源优势，形成产业集群的竞争优势。把发展产业集群作为促进盐城经济结构调整、主导产业优化升级的重要着力点和突破口，作为推进全域城市化的重要组成部分，为提升盐城在江苏沿海经济带开发中的重要地位和作用提供产业支撑。注重发挥专业化园区对产业集群建设的载体作用，促进各类资源向产业基地集聚，形成一批特色鲜明、优势突出、规模较大的产业集群聚集区，这是产业集群建设的基础。

第二节 盐城地区经济发展对高层次应用型人才的需求分析

区域经济与地方高等院校存在着密切的内在联系，突出表现在区域经济发展为应用型本科教育提供了一定的企业环境和物质技术基础，而地方高等院校则为区域经济发展提供高质量的各类专业技术型人才。下面从盐城地区经济发展对专业技术型人才的需求和区域地方普通本科院校的应用型人才培养能力方面进行分析。“十三五”期间盐城地区人才资源总量达到126万人，其中专业技术人才总量60万人，高技能人才总量28万人，高、中、初级专业技术人才比例1∶3∶6。

一、人才需求预测思路框架

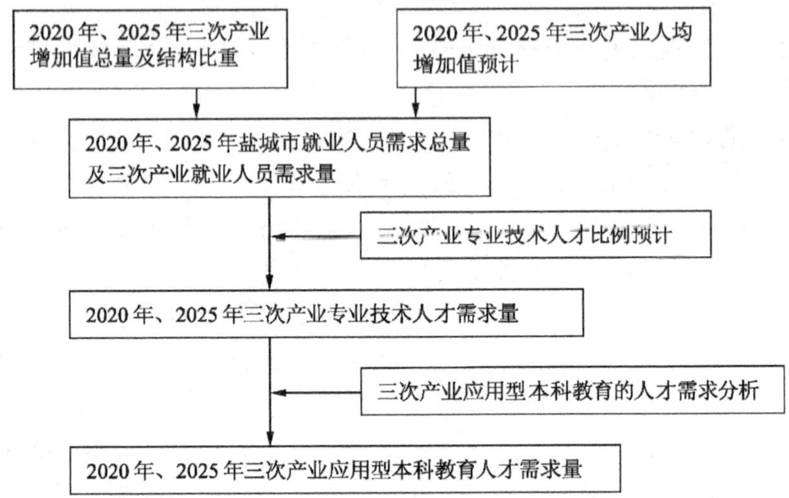

图4-1 三次产业应用型本科教育人才需求预测思路框架

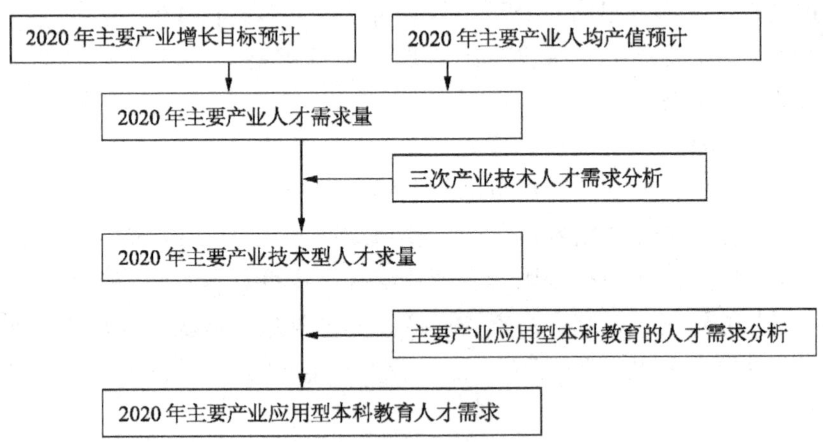

图4-2 主要产业应用型本科教育人才需求预测思路框架

(一)人才需求预测的主要方法

主要采用了定量预测、定性分析、先进地区经验数据比照，以及企业人才需求案例调查、专家讨论等多种方法进行综合预测。

(二)人才资源需求模型

1. 人才增加值(产值)预测模型：$X_n = X_i\ (1+P)$

(X_n 表示预测基年产业全员人均增加值(产值)，X_i 表示预测目标年份

产业全员人均产出，n 为目标年份距基年的年数，P 为年增长率)

2. 从业人员需求预测模型：$Y_i = G_i/X_i$

Y_i 表示预测目标年份三次产业的从业人员需求总量，G_i 表示预测目标年份三次产业 GDP 值，X_i 表示预测目标年份三次产业分别的全员人均增加值。

二、2020 年、2025 年三次产业应用技术型人才需求预测

根据企业调研的相关经验数据，盐城市目前三次产业中一线员工占从业人员的比例大致为 80%、60%、80%，其中技术型人才占一线员工的比例为 20%、60%、30%。“十三五”时期是盐城市由传统制造业向先进制造业转变的重要时期，技术型人才的需求会逐渐增多，三次产业中技术型人才比例和高技能型人才比例相应提高，参考发达国家经验，结合盐城市产业发展情况，预计 2020 年三次产业技术型人才比例分别调整为 22%、62%、32%，2025 年三次产业技术型人才比例分别调整为 25%、65%、40%，综合前述预测的三次产业从业人员数量，测算出目前盐城市三次产业技术型人才数量。预测未来几年盐城市技术人才结果见表 4-1、表 4-2。

表 4-1　2020 年、2025 年三次产业技术型人才需求预测

（单位：万人）

	第一产业技术型人才	第二产业技术型人才	第三产业技术型人才	技术型人才总量
2016	10.8	58.9	39.3	109.0
2020	7.3	94.7	72.1	174.1
2025	5.2	125.9	101.1	232.2

表 4-2　2020 年、2025 年三次产业技术型人才需求增量预测

（单位：万人）

	第一产业技术型人才增量	第二产业技术型人才增量	第三产业技术型人才增量	技术型人才总量增量
2020	—	35.8	32.9	68.7
2025	—	31.2	29.0	60.2

测算结果显示，全市未来技术型人才总量需求不断提高，2016—2020 年每年需新增 9 万人，2021—2025 年每年需新增 12 万人。

三、2020 年、2025 年三次产业应用型本科教育人才需求预测

产业特点不同，对于技术型人才的需求条件有所差别。结合企业技术型人才需求应用型本科教育人才需求比例调研的相关经验数据，同时考虑到未来应用型本科教育生源情况，全市三次产业每年新增的技术型人才中，

来自应用型本科教育人才的需求比例分别为 20%、60%、40%，其余人才来源于社会培训等其他渠道。2020 年以后，随着盐城产业的升级，它对具备技术、语言、计算机等高层次复合型人才的需求量会大幅上升（见表 4-3）。

表 4-3　2020 年、2025 年盐城市应用技术型人才需求增量

（单位：万人）

年份	第一产业应用技术型人才需求	第二产业应用技术型人才需求	第三产业应用技术型人才需求	应用技术型人才需求量
2020	—	35. 8	32. 9	68. 7
2025	—	31. 2	29. 0	60. 2

2016—2020 年，盐城应用型本科教育人才每年需要新增 5 万人，按照 4 年学制，应用型本科毕业生就业率 95%，留盐率为 80%，到 2020 年应用型本科教育人才在校生规模需达到 5 万人。2020—2025 年，盐城市应用型本科教育人才需要新增 3. 8 万人，按照 4 年学制，应用型本科毕业生就业率 85%，留盐率为 70%，应用型本科教育人才在校生规模需达到 10 万人。

四、主要制造业应用技术型人才需求预测

（一）2020 年主要制造业的产值预测

从整个工业演进方向上来看，无论是支柱产业还是新兴产业，都不断向高端化方向发展。随着科技的不断进步及全球市场的激烈竞争，盐城市工业经济一方面要夯实原有支柱产业的基础，不断扩大产业规模，提升产业能级；另一方面则培育新的经济增长点，选择有市场需求又有一定产业雏形的产业门类作为战略产业发展。工业内部结构也随之发生变化。

2020 年，盐城市在保质装备制造、石化、船舶和海洋工程等原有支柱产业优势的同时，新增以高技术船舶和海洋工程装备制造业、高端装备制造业、信息通信产业、新材料产业、生物与海洋产业、新能源产业、节能环保产业和新能源汽车制造业等为代表的新兴产业部门。根据盐城工业和信息化“十三五”规划研究报告，未来四大支柱产业产值目标如表 4-4 所示。

表 4-4　2020 年盐城市主要支柱产业结构

（单位：万元）

主要支柱产业	工业产值
装备制造业	5 000
石化产业	4 500
船舶和海洋工程	1 000
电子信息	2 100

（二）2020 年主要支柱产业的人才需求预测

根据盐城市统计年鉴中产值和从业人员的数据，计算出盐城市主要要支柱产业的人均产值，结合前述的2020 年主要产业的产值总量目标，可以预测出2020 年三大支柱产业从业人员数量。根据产业人才需求特点，结合企业需求调研相关经验数据，在从业人员的基础上，预测主要制造业技术型人才需求、应用型本科教育人才需求。

我们主要是选择产值规模大、符合盐城未来主导方向的产业领域。石化包括石油加工、炼焦及核燃料加工业，化学原料及化学制品制造；装备制造业包括通用设备制造、专用设备制造、交通运输设备制造；电子信息设备制造包括通信设备、计算机及其他电子设备制造。产值和从业人员数据主要为产业全部年主营业务收入500 万元及以上工业企业的指标，人均产值高于全市产业的平均水平，可作为2020 年全市制造业的人均产值水平。

五、主要现代服务业技术型人才需求预测

根据盐城市统计年鉴中主要现代服务业产值和从业人员的数据，计算出盐城市主要现代服务业的人均产值，结合《盐城市“十三五”服务业发展规划》及《盐城市国民经济和社会发展规划纲要》中关于主要现代服务业目标数据，可以预测出2020 年主要现代服务业的从业人员数量。根据产业人才需求特点，结合企业需求调研相关经验数据，在从业人员的基础上，预测主要服务业技术型人才需求（见表4-5）。

表 4-5　2020 年主要服务业技术型人才需求预测

行业	产值增加值目标/亿元	从业人员/万人	技术型人才需求量/万人	技术型人才增量/万人
物流	1 200	19.0	6.1	4.9
金融	700	17.7	5.7	4.5
软件和服务外包	1 500	28.3	9.0	6.6

本研究中对于产业应用型教育人才需求预测的假定条件是应用型本科教育培养的人才实践应用能力能够满足企业人才的需求，这是比较理想化的预测结果。考虑到企业人才需求和应用型本科教育的培养质量也是密切相关的，如果应用型本科教育毕业生实践应用能力强，需求数量会增多，实践应用能力差，则对应用型本科教育人才的需求会下降。

六、盐城地区经济发展对技术型人才的需求分析结论

（1）盐城未来城乡从业人员数量将稳步提高，由2016年的394万人增至2020年的578万人，城乡三次产业从业人员比重将由2016年的17：41.5：41.5调整到2015年的7.1：44.1：48.8。

（2）全市技术型人才总量需求不断增长，2016—2020年每年需新增9.8万人，2020—2025年每年需新增12万人。

（3）2020年应用型本科教育人才在校生规模需达到20万人。

（4）2025年应用型本科人才在校生规模需达到26万人。

第三节　盐城市应用型本科专业建设与产业发展的适应性分析

地方普通本科院校的专业建设既要体现出应用型本科教育的专业特色，更是提升各种专业技术型人才培养能力的基础。因此必须建构一个专业结构合理，并与产业需求相匹配的应用型本科教育专业体系，这是应用型本科教育适应和服务于盐城地区产业集群需求的紧迫任务。

一、盐城市应用型本科教育专业建设基本情况分析

截至2016年，盐城市2所应用型本科院校在17个专业类中开设128个专业（不重复设置），在校学生4.5万人；为三次产业服务的专业技术型人才分为第一产业类专业0.23万人，第二产业类专业3.85万人，第三产业类专业9.02万人。在专业建设上，专业结构较为合理，广泛覆盖产业及职业岗位群、为盐城经济社会发展提供了基本适应的技术型人才供给。

地方普通本科院校注重专业建设以经济社会需求为导向，提高技术型人才培养在专业取向上与企业需求的对接度，同时加强与用人单位的联系和沟通，立足盐城，面向江苏，巩固和扩大了就业市场。通过校企合作、联合办学、“订单式”培养等形式，积极开辟新的就业空间。近几年，毕业生就业率始终保持在85%以上，其中50%以上的毕业生留在盐城就业，基本实现技术型人才就业的专业对口。通过对盐城市地方普通本科院校分专业大类在校生数量统计分析表明，盐城市地方普通本科院校专业建设基本适应市域产业发展需要。

表 4-6　盐城市应用型本科专业大类在校生规模及专业的产业、产业群归类情况统计表

排序	专业大类	专业类	专业	专业的在校学生人数	开设该专业的院校数	专业的产业或产业群归类	专业的三次产业归类
1	电子信息	2	15	751	2	电子信息	第三产业
2	财经	5	21	2 805	2	现代服务	第三产业
3	制造	4	14	2 231	2	加工制造	第三产业
4	文化教育	2	16	587	2	教育事业	第三产业
5	交通运输	6	15	211	1	交通运输	第三产业
6	旅游	2	5	678	2	现代服务业	第三产业
7	艺术设计传媒	3	14	2 560	2	文化产业	第三产业

二、盐城市地方普通本科院校专业建设存在的主要问题

（一）专业结构布局不够合理

专业设置在一定程度上追求办学规模和专业数量，忽视专业布局与结构的优化。新专业的设置缺少科学的论证，不管条件是否具备，出现“跟风”现象。部分专业缺乏基础学科专业和应用学科专业的相互支撑。

（二）专业设置与地方经济与社会发展需要的匹配度不高

一方面，随着经济与社会的不断发展，会出现已有的专业与经济社会发展的匹配度下降；另一方面，有的专业设置以“内生性”为主，以自己的办学条件开办相应专业，较少考虑社会的需求量，造成学科专业与地方需求对接不够，专业的设置对社会需求的敏感度较低。

（三）专业发展过程缺乏整合

虽然一些地方高校学科门类相对比较齐全，但专业在各学科和专业类中的分布较分散，主干学科单一，专业之间的学科联系不紧密，不利于专业集群的形成和专业建设水平的提高，同时造成教学条件投入大而利用率不高。

（四）专业缺乏特色

专业特色生长于经济社会发展需求和学科专业的人才培养优势的结合点上，但部分专业主要服务面向和定位不清晰，未能为地方发展提供强有力的人才支持。地方高校新设置的专业较多，学科基础不强，专业内涵建设的时间较短，甚至不重视建设，难于形成独特的优质，专业竞争力不强。

（五）专业发展投入总量不足、投入效益不高

地方高校经费来源有限，教学投入跟不上专业发展速度，这是一个方

面；另一方面，在有限的教学资源中专业整合不深入，存在投入分散、重复购置、资源浪费的现象。

（六）专业发展和结构调整的机制尚未形成

有一部分高校为了扩大办学规模和办学效益，盲目设置“热门”专业；以被动适应社会就业热点和考生志愿热点进行专业调整，造成专业内涵缺乏、教学质量下降。

三、盐城市应用型普通本科院校专业建设的总体思路

（一）改造和提升传统优势专业

对具有一定传统优势的老专业，在发挥传统学科专业师资力量强、办学经验丰富、教学资源充裕等优势的同时，一要不断更新其教学内容、改革课程体系。二要加大使用高新技术、信息科学等现代科学技术，提升、改造传统学科专业的力度，实现传统学科专业新的发展，衍生出新兴学科，带动新专业的建设。三要在现有条件基础上，积极进行改革，一方面保持本专业的特色和优良传统，使基础学科专业保持旺盛的活力，另一方面积极调研，充实专业的结构和内涵，改造、归并或淘汰不适应市场需要的专业，对生源不足、就业形势差的专业通过逐步压缩招生计划，甚至停招，对规模过大且市场出现饱和的专业，要控制招生规模。

（二）加强新办专业建设

除做好传统专业建议外，地方普通本科院校要结合地方社会经济发展实际，积极申报和建设好新办专业。一要重点加强对新办专业的经费支持，根据学校专业建设分年度规划，在新专业招生前，确保提前一年引进或完成培养必需的专业教师。二是要对新专业的人员编制、职称评聘指标、国内外进修、学术交流及资料设备等方面给予政策倾斜，有计划地培养和引进高层次专业人才，解决新办专业的紧缺师资。三是重点投入资金改善新办专业的教学条件，特别是实验室建设。四是要加强新办专业教研、教材和课程建设，通过申报教研、教材、讲义、精品课程建设项目，鼓励专业教师做好教学研究、教材建设和精品课程的建设。五要加强新专业建设的监督检查，重点关注新办专业的建设工作，通过定期检查和随机抽查等方式，随时掌握新专业建设的进展情况，发现并及时解决问题，确保新专业的建设质量。

（三）推进特色专业建设

特色专业是指充分体现学校办学定位，在教育目标、师资队伍、课程体系、教学条件和培养质量等方面，具有较高的办学水平和鲜明的办学特色，获得社会认同并有较高社会声誉的专业。特色专业的“特色”至少应包括课程特色、教学特色和人才特色，其中人才特色是关键。随着社会经济的快速发展，高校竞争力的进一步加强，各高校都加快了本科专业建设，因此，地方应用型普通本科院校在特色专业建设方面，也应做好以下各方面工作：一是加快特色专业人才培养模式改革，即根据专业和市场发展形势，适时调整人才培养模式，不断完善应用性人才培养方案，以充分体现专业发展的时代性特征。二是加强特色专业教学团队建设，即从专业发展实际人手，适时、适度地招聘、引进优秀人才，加快专业骨干教师、“双师素质教师”的培养，结合课程建设需要，多渠道、多形式聘任校外行业专家、知名学者，努力形成一支专兼结合，具有明确发展目标、良好合作精神和梯队结构合理的特色专业教学团队。三是深化教学内容、教学方法的改革，以课程建设为重点，以精品课程建设为动力，调整课程体系和教学内容，尤其关注实践性教学内容的更新与完善，要善于打破常规教学方法，鼓励教师大胆创新，积极探索有利于应用型人才培养的新方法四是加强教材建设，根据特色专业课程教学内容的要求，在优先选用优秀教材基础上，鼓励专业教师根据教学实际自编专业课程教材。

第四节　基于专业集群的盐城市应用型普通本科院校专业布局调整策略

专业结构的调整与优化要依据经济社会发展需要，要符合学校的办学定位和发展目标。地方高校主要为地方经济建设培养人才，以培养应用型人才为主，其设置的专业或方向更加侧重于应用性专业。近年来，国家和地方政府出台多项经济发展规划和专门人才的培养意见，为地方高校找准发展位置和调整专业结构提供依据。专业调整要紧密结合地方经济发展要求，在学校现有基础上调整学科专业发展方向，促进学科专业与社会的对接，提升学科专业的社会适应能力。

一、发挥品牌专业引领作用，突出产业布局的区位产业特点

企业强则产业强，产业强则盐城强。围绕加快盐城现代产业体系建设，调整、优化、新增一批专业，加强专业现代化建设，“十三五”和“十四五”十年规划期间（2015—2025 年），盐城市对应用型普通本科院校专业体系进行新的建构，在 19 个专业类中将专业增加到 160 个，形成 200 个专业方向，并在 2020 年前建设品牌专业 15 个，在 2025 年前品牌专业增加到 40

个，形成对应的行业门类齐全、专业结构优化、布局合理的专业体系。江苏省品牌专业一期项目有：材料科学与工程专业、机械设计制造及自动化专业、土木工程专业、数学与应用数学、应用化学、英语等专业。材料科学与工程专业对接新建材业、机械设计制造及其自动化专业对接装备制造业、土木工程专业对接建筑业、应用化学专业对接石化业、数学与应用数学专业对接金融业、英语专业对接现代服务业等。

突出专业布局的区位产业特点。江苏沿海经济带的快速推进，特别是盐城市全域城市化的城市组团的空间布局使产业集群的区位布局更加明确，产业集聚的区域的功能更加突出，这就要求应用型本科教育的专业布局一定要与区位布局相适应，以提高应用型本科教育服务区域产业发展的要求。

二、建设服务区域产业集群发展需要的应用型本科教育专业集群

地方普通本科院校专业集群建设与区域产业集群实现有效对接才能更好地服务于区域经济社会发展的需要。所以地方普通本科院校必须以经济社会发展需求，特别是以区域产业集群需求为导向加强专业集群建设，实现专业集群建设目标的产业化定位。盐城市“十三五”发展规划对市域产业和产业集群发展做了明确定位，即以服务型装备制造业、海洋与生物工程产业、新能源产业为主建设现代制造业基地；以现代物流业、商贸业、旅游业为主建设现代服务业基地；以都市农业、生态农业、农产品加工为主建设现代农业基地。在全市不同的产业园区建设 17 个产业集群。因此，地方普通本科院校要通过产教结合、校企合作、专产对接，实现专业集群建设的产业化定位发展，以提升应用型普通本科院校服务于区域产业需求的专业集群建设水平和发挥专业集群的群化效能。在加强服务于第二、三产业的现代服务型制造业和现代服务业等专业建设的同时，尤其要重视发展服务于海洋与生物技术专业，更好地服务沿海地区的相关专业建设。

根据盐城市产业集群的新情况，对已有的服务盐城产业集群需要的 12 个本科专业集群进行重新建构，以应用型普通本科院校为专业集群建设的独立主体，依据区域产业和产业群发展对专业技术型人才的需求，以应用型普通本科院校的专业与产业对接程度高的强项专业为龙头，集合专业相近、专业基础课程相近、服务的产业相近和岗位群相近的有关专业组成专业集群，以提升市域应用型本科教育专业集群对区域产业集群服务的效能。

第五章　建立协同发展的区域政产学研联盟

借鉴产业集聚理论，当应用型本科教育个体的规模扩大、数量增加时，就要经历从单一向集群发展的过程，从而形成个体联合的有效组织形式，即区域性政产学研联盟。应用本科教育集团化发展，就是以品牌应用型本科院校为主体，以归并、合作、参与等方式联合其他本科院校、政府职能部门、行业、企业、研究院所等，充分吸收其优质资源，形成集群发展力。根据产业集群理论组建区域性政产学研联盟，就需要整合高等教育资源，合理配置和使用教育资源，从而降低办学成本，提高办学效益。集团内各个参与主体拥有各自不同的教育资源，需要将各自不同的高等教育资源优化配置，统筹安排，改变分散的办学机制，将教育资源的分散投入转化为集中投入，提高教育资源增量的配置效率。区域政产学研联盟融合了高等教育与产业的双重优势，将有力促进高等教育链与产业发展链的有效对接，实现工学有机集合，优化实践教学条件，使培养出来的专业技术型人才更具针对性、应用性，实现应用型本科教育与产业共赢。

第一节　构建区域政产学研联盟的战略意义

区域政产学研联盟是高等教育发展到一定阶段的产物，是发展应用型本科教育的有效形式之一，也是应用型本科教育转型升级发展的必由之路。它按照产业发展规律，将企业集团化经营模式引入高等教育，旨在依托行业、联合企业，加强学校与学校、学校与企业之间的联系，整合教育资源，实现资源共享，推进应用型本科教育做大、做强、做优。通过组建区域性政产学研联盟能够更好地对接产业集群，更好地适应产业结构调整，与地方经济相结合，为地方经济服务，充分发挥地方普通本科院校和行业、企业的力量，培养大批应用技术型人才。

一、区域政产学研联盟的内涵和特征

（一）区域政产学研联盟的内涵

“产”指产业，“学”指学校，“研”指研究机构。产学研结合即产业、学校、科研机构相互配合，发挥各自优势，形成强大的研究、开发、生产一体化的先进系统并在运行过程中体现出综合优势。产学研合作已经不是一个新概念，作为推进高等院校和科研院所科技创新成果转化的有效途径，它在诞生之初就天然地将政府、企业和高校及科研院所紧密地联系在一起。然而在多年的产学研合作实践摸索过程中，一些关乎产学研合作向纵深发展的深层次问题逐渐浮出水面。

区域政产学研联盟是指以区域内本科院校为核心、多个优势互补的独立法人为主体，区域本科院校和企业是政产学研联盟建设和运行中的两个本质要素。应用型普通本科院校和企业成为两个不同的教育资源和教育环境，利用学校和学校、学校和企业在人才培养方面各自优势，互认学分，以课堂传授间接知识为主的教育环境和直接获得实际经验与操作能力为主的生产现场环境有机结合起来，更有利于学生的培养和成长。

在一些发达国家，产学研联盟已成为一种普遍的形式。在当今世界的经济成长中，科技立异日益主要，产学研合作是晋升自立能力，顺应科技经济一体化趋向的必然要求。美国作为最早实现产学研合作的国家，它的工业化和现代化的成长举世瞩目，可以说恰是产学研合作的兴起带来国家的昌隆，这在今天已经是个世界现象，成功的例证举目皆是，科教兴国已成共识。尤其在美、英、德、日等发达国家，产学研一体化培植皆是经由政府行为加以扶持和指导，从而有力地促进了这些国家的高新技术财富化历程，促进了国民经济的快速增长。

西方发达国家产学研合作的思维由来已久。20 世纪 50 年月，斯坦福电子工程系主任和工程学院院长，人称“硅谷之父”的弗雷德·特曼首次提出学术界和财富界理当结成伙伴关系，始创“硅谷模式”。依靠斯坦福科研实力和校方对产学研合作的鼎力支持，硅谷模式有力地促进了区域经济成长，同时与工业界的紧密联系也促进了斯坦福大学的科研与教学。硅谷模式标识标记着产学研合作这一形式的正式成立。除了美国以外，英国、日本等国的产学研合作也取得了很明显的成功。

（二）区域政产学研联盟的结构特征

1. 横向多元性

从基于利益一致性的横向结构来看，区域性政产学研联盟除了包括应用型普通本科院校外，还包括若干个与学校专业方向相关的行业和企业。从应用型普通本科院校来看，有利于增强其人才培养的针对性和实效性，有利于学校学生实习就业、工学结合模式的开展，提高人才的就业质量和数量；从行业与企业的角度来看，其利益在于以优惠的条件获得人才与员工的培训服务，获得学校科研人员提供的科研服务，同时学校教师可以更好地到企业实践，区域性政产学研联盟的可持续发展需行业、企业提供产业发展指导，以便专业集群建设落到实处，及时调整应用型普通本科院校办学健康运行、为决策提供依据；行会、协会的参加或以为集团（联盟）提供更多的横向联系与沟通；地区人才交流中心的介入，可以为应用型普通本科院校提供人才需求及服务信息，通过宏观调控和市场配置，使地方普通本科院校真正成为以产业需求为导向的人才培养主体，形成良性互动机制；应用普通本科院校强大的师资力量、教学设备可以承担起一定的地方专业技术人才培养任务。

2. 纵向多层级

从基于结构完整性的纵向结构来看，区域性政产学研联盟包含不同层次或类型的教育机构和科研机构，如普通本科高等教育、高等职业教育、中等职业教育、成人教育、企业培训、科研机构以及政府职能部门等，从而实现教育的纵向沟通与衔接，其核心是以“学校、学生、企业、行业、科研机构、教师多赢”为基本原则，以专业建设和人才培养为纽带，达到资源互补、政策共享、分段培养、科学发展的目的。

二、区域政产学研联盟的发展背景

（一）借鉴企业集团发展的组织形式

应用型本科教育作为与经济发展最为密切的教育类型之一，无疑是受到企业集团的影响。企业集团是一个庞大而复杂的有机整体，它是由各个要素和部分按一定方式和比例组合而成的，各部分之间相互影响、相互制约，调节并推动着企业集团的运行和发展。当区域性政产学研联盟发展到一定阶段可以作为产业来经营的时候，就会借鉴企业集团的组织形式和经营方式，地方普通本科院校联合相关企业行业、政府及其他社会机构、整合教育资源，提高应用型本科教育产业的组织化程度和资源配置效率，通过新型的教育经营开发组织形式，创新了应用型本科教育办学体制和办学模式。

（二）集团化办学有利于应用型本科教育整体做大做强

应用型本科教育经济建设和企业发展的能力显著增强。区域性政产学研联盟的成立是本着加强教育与经济的结合、紧紧依靠并服务于行业企业，培养受企业欢迎的应用型人才的宗旨而做出的有益尝试。它不仅实现了规模的扩大和资源的有效整合，更为重要的是，在很大程度上有效地解决了经济社会与教育之间、行业企业与地方普通本科院校之间两张皮、相脱离的现实问题。在这种模式下，学校成为企业的延伸，服务者和服务对象间的距离缩短了。同时联盟在政府扶植、企业帮助和自身努力下不断壮大，服务经济建设和企业发展需要的能力也不断增强。同时，对集团中的品牌院校而言，集团化发展也是其自身发展到一定程度的需要，集团化发展是使其成为社会公认的名校的必然选择。对其他学校而言，通过品牌院校的带动和优势互补，利于其办学水平的提高，从而有利于应用型本科教育做大做强。

集团化办学有效地增加了资源总量，有利于资源合理配置，提高办学效益。集团化办学最终将会使举全社会之力办应用型本科教育得以实现。集团内部各种有形资源和无形资源都在市场机制的调动下得到有效的配置，发挥最大效益，从而利于提高应用型普通本科院校办学的综合效益。从实践来看，应用型普通本科院校中高水平的实训基地、优质的专业师资、全方位的用人市场信息、先进的教学模式和社会公认的品牌构成了集团的重要资源，也成为各方合作的基础。

集团化办学为推进应用型本科教育办学机制和运行机制的改革铺平了道路，有利于建立现代教育体系。集团内的各种性质的单位根据市场法则集聚在一起，不受政府的直接干预。新的集团化发展模式打破了不同行业、不同部门、不同隶属关系的条块分割，有利于资源的整合。各方隶属关系不变、资产所有权不变的情况下，完全以利益为纽带，运用市场机制展开合作，实现多赢。集团化办学打破了单一的办学模式，实行纵向沟通、横向联合、优势互补、资源共享，有利于建立完整的应用型高等教育体系，使地方本科院校做大做强。集团化办学的运作促使政府管理应用型本科教育的方式和手段产生了质的变化。过去政府采取指令性的办法包揽地方高等教育，往往出现重投入轻效益，重均衡轻重点。集团化办学后，政府和主管部门考虑更多的是通过培育和扶植名校，由名校去适应市场需要，引领区域性政产学研联盟向更高层次发展，带动相关专业学校的发展，满足相关产业（行业）的需求，实现毕业生的优质就业，最大限度提高资金投入的规模效益。

（三）国家政策推动区域政产学研联盟发展

2015 年，《国家发展改革委财政部关于引导部分地方普通本科高校向应用型转变的指导意见》中强调要“坚持省级统筹、协同推进。转型的责任在地方。充分发挥省级政府统筹权，根据区域经济社会发展和高等教育整体布局结构，制定转型发展的实施方案，加强区域内产业、教育、科技资源的统筹和部门之间的协调，积极稳妥推进转型发展工作。”2017 年，江苏省人民政府《加快企业为主体市场为导向产学研相结合技术创新体系建设的意见》指出，“大力推动创新要素向企业集聚，加强产学研协同创新，促进企业创新发展、加快发展。同时也要清醒地看到，我省企业技术创新主体地位尚未真正确立，创新能力比较薄弱，研发投入偏低，高层次人才不足，拥有的自主知识产权和自主品牌产品不够多，尤其缺乏具有国际竞争力、引领产业发展的创新型领军企业。各地各有关部门和单位在深化科技体制改革的过程中，要把增强企业创新能力作为事关长远发展”。其他地区响应国家政策导向，出台相关政策，支持高校特色学科与科研能力建设，引导地方高校院所与本地企业联合开展技术攻关、新品开发和人才培养；扶持地方高校院所结合区域产业需求建设重点实验室、行业技术服务、科学仪器共享等创新平台；推动地方高校院所吸纳产业高层次创新人才，开展教学科研的合作互动；鼓励地方高校院所与国内外知名高校院所及企业加强合作，开展技术“二次开发”，实现成果快速转化。以上政策的出台都为区域政产学研联盟的形成和发展提供了一定的制度保障和推动作用，由此可见，区域政产学研联盟的发展有坚实的政策作后盾。

第二节　现代区域政产学研联盟建设的基本模式与策略

自 20 世纪 90 年代开始，我国具有组建职业教育集团的实践的基础，“十一五”期间，各个地方高校先后展开产学研相结合的实践，2014 年，地方普通本科院校转型升级，深化了应用型本科教育改革，推动区域性政产学研联盟形式集团化办学，政产学研联盟在全国各地不断涌现出来，产生多种富有成效的运行模式。

一、区域政产学研联盟的基本模式

（一）根据各成员之间联结的纽带不同，可分为资产联结型、契约联结型、资产—契约混合联结型等模式

1. 资产联结型

资产联结型产学研联盟是以一个实力雄厚的地方普通本科院校为核心，以资产为主要联结纽带，将区域内的本科院校、企业、事业单位联结在一

起，具有多层次结构的以核心学校为主体的多法人联合体。这种类型政产学研联盟的主要特点是：联盟核心学校与联盟其他组成学校及单位之间有密切的资产联结关系，这种类型产学研联盟的组建涉及产权的变更、拨款渠道的改变及管理体制的变革等较为复杂的调整问题，组建难度较大。因此，在我国目前已成立的区域政产学研联盟中，这种类型的集团还比较少见，主要出现在民办教育领域。

2. 契约联结型

契约联结型产学研联盟指各成员之间是以协议、合同、集团章程等契约形式为主要纽带进行联结的，而不是以资产为纽带，成员之间是合作伙伴关系。这种类型政产学研联盟的主要特征是：在维持集团成员单位原有隶属关系、拨款渠道、人事关系等不变的前提下，集团成员单位以签订合作协议或集团章程的形式联结在一起，在集团章程的指导、约束下，分工合作、资源共享、互惠互利、共同开展教学、科研及相关服务活动。这种类型产学研联盟的组建不涉及产权关系、拨款渠道、管理体制的变革与调整，与我国现行的应用型本科教育条块分割的管理体制冲突和摩擦较小，受客观条件约束较小，适用范围较广，成为我国组建区域性政产学研联盟的主流模式。我国目前已组建的产学研联盟绝大多数都属于这种以契约为主要联结纽带的类型。

3. 资产—契约混合型

资产—契约混合型政产学研联盟指各成员单位之间既有资产联结又有契约联结。这种产学研联盟克服了前面两种模式的弱点，又保持了他们各自的优点，在应用型本科教育资源稀缺的环境下更具有生存力和竞争力。这种产学研联盟的特点是：联盟构成单位之间的联结方式既有资产联结又有契约联结，其中联盟核心组成单位以资产联结为主，联盟又通过订立合作协议同一些地方院校、企事业单位建立合作、协作关系，使他们成为区域政产学研联盟成员。

（二）根据产学研联盟集团化办学的主体构成和运行特征不同，将产学研联盟发展模式分为行业型（专业型）产学研联盟、区域型政产学研联盟和复合型产学研联盟

1. 行业型产学研联盟

行业型产学研联盟又称之为专业型产学研联盟。行业型产学研联盟是以专业为纽带，以具一定规模与实力的学校为龙头，以行业为主要服务面向，联合同类专业的地方普通本科院校和相关行业、企业及科研单位组建

产学研联盟。行业型产学研联盟的特征表现为由行业主管部门牵头，由行业企业或企业集团参与、行业提供支撑服务，以应用型本科院校为龙头，其他地方院校为骨干，实现资源共享，这类集团是在校企广泛合作的基础上形成的。

2. 区域型政产学研联盟

区域型政产学研联盟由区域政府及教育行政管理部门牵头或参与，依托区域优势，依据区域规划和产业结构，整合区域内的高等教育资源，最大限度地降低成本，促进区域经济与教育协调发展，提高应用型本科教育的整体工程科技能力，以最大限度地获取产学研联盟的聚变效应。从组建方式看，这类联盟通常具有以下三个特征：一是与区域经济的联系更为紧密，联盟内的办学方式、专业设置和培养目标更为合理；二是区域政府投入及指导力度较大，但区域经济对联盟的制约性较强；三是这类联盟与企业合作深度不够，多是政府的行政指令使然，企业与联盟往往通过订单委托等方式进行合作，对联盟没有实质性的支持。

3. 复合型产学研联盟

复合型产学研联盟是兼有两种或两种以上产学研联盟特质的，以学校、行业或政府为主导，以特色专业为纽带，联结区域、行业、企业、高职院校，探索多方共同发展、互利共赢的跨区域、跨行业、校企合作、与职业院校衔接的产学研联盟。

二、区域型政产学研联盟建设的策略

区域性政产学研联盟建设有着特殊的复杂性。一方面，作为多种经济主体的组合，它的运行模式与管理制度需要经多方协调而不断探索；另一方面，市场是产学研联盟发展的导航仪，其办学理念与培养模式也要因时转变。因此产学研联盟的组建与发展都离不开行政部门的引导与支持，政府应建立并完善系统的政策与制度，推动产学研联盟持续、稳健的发展。

（一）合理定位，创造优良的外部管理环境

在产学研联盟组建与发展过程中，政府应积极转变管理职能，承担起统筹者、规范者和协调者的角色。各地区应建立统一、规范的行政管理制度，明晰各级管理部门的职责、权限及他们之间的关系，有步骤地解决主管部门放权的问题，充分保障产学研联盟的自主办学权，尽可能减少阻碍产学研联盟集团化办学的社会制约因素。采取指导与监管相结合的办法，通过多种途径，如制定贷款、投资、减免税收等优惠政策，提供信息、搭建合作平台，建立专门的监督评估机构等，发挥统筹和协调的作用，为产

学研联盟优化办学模式营造良好的外部管理环境。

（二）增强服务意识，优化运行机制

各级行政部门应增强服务意识，在了解产学研联盟发展现状的前提下，根据当地经济发展的需求，有针对性地提供有力的政策支持。一是建立并逐步完善操作性强、切实有效的激励制度，吸引行业、企业及个人积极投身产学研联盟。二是建立产学研联盟集团化办学的协调机制，加强学校与行业管理机构的联系，整合社会、企业与学校的教育资源，优化配置，激活资本运作方式，适时协调产学研联盟多元主体之间的利益。三是指导并监督各行业产学研联盟的多元主体之间的利益。三是积极提供动态的行业岗位需求信息，搭建平台、引导产学研联盟及时了解市场需求，提高人才培养的针对性和有效性，鼓励他们在保证质量的前提下，尝试新的人才培养模式，寻求更宽广的发展空间。

（三）创新机制体制，加强联盟内部凝聚力建设

产学研联盟是多个主体参与办学、除专门从事教育的学校外，还可以有行业、企业、工商业、社会团队等参与办学，在办学过程中要正确处理好联盟内部之间的各种关系，统筹兼顾各方利益，寻求市场经济规律和高等教育发展规律的结合点，用行政行为和市场行为将各方资源有机融合在一起，形成规范有序的运作机制，使联盟组成单位成为相互依存的战略伙伴关系，并最终实现增强联盟内部凝聚力的目标。

（四）强化核心院校的引领作用

核心院校在产学研联盟中发挥重要的引领作用，根据章程规定，核心院校有义务和责任组织建立健全联盟内部的管理制度。在联盟的正常运行中，既要发挥理事会与常务理事会的作用，加强成员单位之间的沟通与联系，从而促使集团化办学的优势真正得到体现。

第三节 区域政产学研联盟对接产业集群案例

一、人工智能产学研联盟在苏州成立

苏州市经济和信息化委员会副主任杨秀英女士、苏州大学机电工程学院院长孙立宁、江苏汇博机器人技术股份有限公司总裁王振华、汇博机器人学院执行院长张可安、库卡集团高级副总裁 Mathias Wiklund、富强科技—苏州胜利精密集团副总裁吴娴、华中数控董事长陈吉红、哈工大机器人集团副总裁赫英强、苏州技师学院院长顾正明、苏州工业园区工业技术学校

校长王乃国及现场300多位来自政府机关、企业、学校等社会各界的朋友共同见证了此次盛会。人机智能产学研联盟是一个由服务于人机智能事业，从事人工智能与智能制造产业研发、制造、应用服务、教育培训的企业、院校、科研机构、事业单位及其他相关机构自愿组成的非营利性社会团体。

汇博机器人作为联盟创始成员之一，将贯彻落实联盟使命“培养人机智能人才、满足行业资源需求、助力国家发展战略”，致力于搭建人机智能人才培养“政产学研用”五位一体的发展平台，提升联盟企业成员的研究开发、生产制造、集成应用和技术服务水平，培养人机智能领域人才，促进技术进步与经济繁荣。

二、浙江工业大学创建新型政产学研战略联盟引领区域产业转型升级

近年来，由浙江省政府主导、浙江工业大学牵头创建的浙江省新药创制科技服务平台，不断推进管理体制机制创新，构建新型政产学研战略联盟，提高协同创新能力，积极助推区域经济转型升级。

集聚创新资源，构建新型政产学研协同研发平台。按照“政府搭建平台、平台服务企业、企业自主创新”的建设理念，平台聚集了高校、院所、企业的创新要素和国外科技资源，构建富有区域特色与国际接轨的协同研发平台，分成4个层级：引导层是地方各级政府；核心层包括牵头单位浙江工业大学绿色制药技术与装备教育部重点实验室，参建单位浙江省医学科学院国家新药安全评价研究重点实验室、浙江中医药大学动物实验研究中心、浙江大学药学院、浙江省食品药品检验所等5家单位；紧密层是35家理事单位（上市企业为主）；服务层是300余家会员单位（企业）。在此基础上，平台接轨国际前沿，积极引进一流国际创新载体，深化与国际高水平研发机构的强强合作。与美国Irvine Pharmaceutical Service共建符合美国FDA要求的亚洲唯一的药学独立检测实验室；与美国波士顿开放实验室公司联合共建生物研究实验室等，着力增强平台国际性和开放性。

三、抚顺市望花区政产学研联盟：发挥区域优势，协同创新结硕果

抚顺市望花区是一座重工业老城区，转型升级十分必要，依靠科技创新强化产学研合作，助推经济发展势在必行。抚顺市望花区政产学研联盟，是由抚顺市望花区委区政府于2015年发起，整合了区域性科技资源和工业资源两大优势，在“双创”的大潮中，创办的一个产学研合作组织，也是一个面向地区大专院校、科研团体和科技型企业的综合性实用型科技服务平台。抚顺市望花区政产学研联盟，吸纳了区域内的辽宁石化大学、抚顺石化研究院、煤科院沈阳有限公司、市农业特产学校、市技师学院等科研

教育资源；吸收了东北特钢集团、抚顺新钢铁有限公司、抚顺铝业集团等30余家的产业资源，共由37家理事单位、76名会员，联盟首批聘请了127位优秀科技专家，由政府牵头组成了强有力的产学研合作团队，从而解决了科技教育、工业两大资源的深度融合，原先虽然在一个区却不相往来的大学、科研院所和企事业单位，通过联盟平台的有效服务，为相关单位和企业打开了封闭的空间，并解决了政府服务、科技服务、成果转化、教育实践等“最后一公里”等问题。

第六章　区域经济下应用型本科特色专业集群建设研究

第一节　地方本科院校专业结构研究的发展趋向

一、地方本科院校专业结构领域研究将不断拓展和深化

上述研究从我国高校的范畴比较全面地梳理了专业结构研究现状，研究发现1998—2015年的CSSCI相关文献绝大多数是学术研究型高校研究的成果，针对地方普通本科高校专业结构的研究成果相对较少，这也给地方普通本科高校开展相关领域的研究留下了很大的空间。专业结构及相关问题的研究可以在理论层面上引领专业结构调整的实践与变革。面对高校内外部转型发展的现实要求与变化，特别是2013年以来，我国地方普通本科高校向应用型转变成为国家教育发展的重要战略，我国高等教育专业为王的时代已经来临，专业结构领域的关注点必将发生变化，相关研究必将不断拓展和深化。预计会有更多的地方普通本科高校及其研究者关注专业结构领域的研究，专业结构研究的视野将更加开拓宽广，随着我国当前“双一流”建设、地方普通本科向应用型转变、现代职教体系建设等国家教育战略的深入推进，预计未来若干年我国在高校分类发展、特色发展背景下将构建研究型高校、应用技术型高校、高等职业学校等在不同层次不同领域各具特色的多元化的专业结构体系。对于地方普通本科高校来说，专业结构调整的目标就是要构建契合国家、区域经济社会发展与产业结构，适应服务区域社会对人才类型、规格、知识、能力、素质等要求和符合学生成长与发展需求的专业结构体系。同时，预计相关研究也将从局限于关注高校自身专业设置与结构调整，转向并聚集国家和区域经济社会发展战略及其产业结构调整与高校专业结构调整的匹配与契合研究，会更加注重研

究的跨界、交叉、融合，如区域行业产业结构与专业结构的相互影响、专业结构与新业态新技术新变革的关联、专业结构与学科结构的勾连、学科专业课程建设一体化，等等。

二、地方本科院校专业结构研究将更加注重对接国家重大发展战略需求

产业结构变化是专业结构调整的重要决定因素，专业结构又通过人才培养数量和质量影响产业结构发展，两者辩证统一。当前地方普通本科高校专业结构研究要基于高等教育外部环境的新变化，以国家重大战略需求为指针和着力点，以解决向应用型转变中的实际问题为导向，切实加强国家发展战略、重大政策引领下的地方本科高校转型发展与专业结构调整的理论研究与应用研究。近年来，我国正在积极推进动力转换、方式转变、结构调整的系列战略举措寻求社会经济发展新增长。“中国制造2025”以互联为核心推进信息化与工业化深度融合，促进制造业在内的整个产业体系转型升级，产业结构深刻调整带来社会人才需求结构变化，进而要求地方本科高校专业结构做出顺应性改变；“创新驱动发展战略”不仅要求高等教育服务国家、区域、行业重大需求提升原始创新的生成和转化能力，更需要地方本科高校专业结构的内涵突出人才培养的创新精神、创新意识、创造能力、实践能力，实施面向全体学生的创新创业教育，融通专业教育与创业教育；“一带一路”战略要求地方本科高校加快实施高等教育国际化，在专业结构内涵上确立创新性、国际化、应用型人才的培养目标，提升专业建设人才培养国际化水平，并实施国际实质等效的质量评价标准。

三、地方本科院校专业结构研究将更加关注应用型专业集群架构与建设

专业集群建设是地方本科高校转型发展与专业建设的重要突破口。“地方本科向应用型转变”要求高校以产教融合、校企合作为基本途径加快改造传统基础学科和专业，积极培育、发展应用型本科专业，建立服务区域主导产业和特色产业发展的专业集群。教育部等三部委文件指出“建立紧密对接产业链、创新链的专业体系……形成特色专业集群……实现专业链与产业链对接”。教育部高等教育司原司长张大良指出“普通本科高校向应用型转变，前提是应用性本科专业建设。高校要形成地方（行业）急需、优势突出、特色鲜明的应用性专业集群”。教育部学校规划发展建设中心主任陈锋提出“大舰”——学科专业集群超级平台的理念，阐述了高等教育“大舰”时代的“四个内涵特征”。目前，专业集群的研究大部分集中在高职院校，有少数学者开始关注和研究地方普通本科院校的专业集群，但还鲜见省域或区域内地方普通本科院校专业集群的专题性研究，可见相关领域尚处于理论研究起步阶段与部分高校实践探索阶段，比如预计地方普通本科高校专业集群的研究将会融入公共管理学、产业经济学、高等教育学等领域的理论和研究成果，研究集群理念下的专业结构与区域经济社会发展、产业革命、技术革命与社会变革的关联，研究转型发展视域下地方普通本科高校专业集群布局与架构，研究专业集群建设的问题、路径、方略、机制与保障。预计基于大数据分析和高校案例研究的地方普通本科高校专业集群研究，将会更有针对性解决问题，提出对策，进而提高地方普通本科高校专业结构与服务区域产业结构的适切度，有利于引导地方普通本科高校的专业设置和调整，形成与自身实际发展阶段、与区域产业结构相符合的应用型本科专业结构。

四、地方本科院校专业结构研究将更加聚焦普及化背景下的专业内涵建设

2015 年，我国高等教育毛入学率 40%，预计 2019 年达到 50% 以上，我国将进入高等教育普及化阶段。普及化的高等教育基本特征可以从《仁川宣言》面向全球教育 2030 年的“全纳”“质量”“公平”“终身学习”愿景窥之，其背后蕴含着相同的以学生发展为核心的教育理念。普及化阶段，职业教育与普通教育的壁垒将被打破，普通教育将融入终身学习体系。普及化高等教育的学生构成更加多元、复杂，包含不同年龄、不同知识准备、不同学习方式的普通高中毕业生、职业教育毕业生及在岗工人等。生源的多样性和民众对高等教育的个性化需求要求高等教育专业结构更加多元、灵活，其专业课程结构和授课方式更具多样化。作为高等教育普及化阶段人才培养的主力军，地方普通本科高校要基于生源多样性及民众对高等教育的个性化需求及教育部规定进行专业设置或进行专业结构调整，预计从培养目标、课程设置、质量评价和学生发展等内涵层面研究普及化背景下地方普通本科高校专业结构，基于达成专业集群内在要求的内涵建设，普及化背景下专业结构内涵和应用型人才培养质量提升，将成为今后研究的重要课题。中国高等教育已经进入专业为王的时代，无论是本科教学合格评估、审核评估，还是专业评估、专业认证、专业综合评价、专业大类招生，还是全面推进与深化地方普通本科高校向应用型转变，专业科学设置、专业合理布局及专业结构调整都是题中应有之义和必须面临的重要问题。

第二节　地方本科院校转型发展中专业集群建设的效应

新建地方本科院校转型过程中专业集群的发展体现了经济学范畴中的集约思想，从产业集群和产业链延伸角度展示了具有较高相关性专业的发展路径，既是现代经济和社会发展过程中集约化思想的体现，又是通过增加要素含量、提升要素质量、集中要素投入和优化要素组合进而增进效益的有效方式，从价值追求和行为选择上实现学校专业集群建设与地方产业集群发展二者融合互动。对新建地方普通本科院校而言，需以区域内的某一个或几个特色产业、优势产业、主导产业、支柱产业或先导产业集群为服务对象，依托产业集群的不同特点发挥专业特色，充分考虑其转型发展过程中专业集群内部资源优化配置与共享、专业结构的布局与产业结构的调整、专业集群内的布局调整与产业技术升级的匹配程度等，进而通过专业集群建设打造高等院校在主要服务区域内人才培养和服务地方经济的竞争优势与核心竞争力。具体而言，专业集群建设有助于推进新建地方普通本科院校在转型发展进程中实现如下效应：

一、专业内部集聚效应

专业集群可以促使集群内的专业彼此间高度集聚，在获得外部规模经济和内部凝聚效力的同时，通过集聚效应提升共享资源的效益和效率，从而导致整体的质变和量变过程。

二、专业横向统一与黏合

由于专业集群存在时空和人员等元素的统一性和黏合性，在各个专业间易形成相互依赖和信赖的关系，这将大大降低投机行为的可能性，使专业集群在内部各专业间保持非正式关系，更有利于在内部各专业间进行有序的横向联系，这相当于垂直关系的一体化，更具竞争力。

三、学习与创新效应推动

专业集群是培育学生学习能力与创新能力的载体。由于各专业间紧密的相关度凝聚而形成的核心竞争力和与其他专业集群所形成的自然压力共同作用，迫使专业集群内部各专业间循环往复式的进行创新，从而推进专业与专业间的良性转换。与此同时，各专业集群间也体现出学习与创新效应，在专业集群建设的过程中，也通过交叉转换和互相渗透不断拓展专业开发的视野。

四、公共服务结构改善区域产业集群发展立足于区域资源和区域公共服务平台的支持

高等院校转型过程的技能型人才输出是区域产业发展的资源支持。改进培养高技能人才的专业体系、专业结构、专业目标推动专业集群发展，专业集群发展推进产业集群发展，进而推动公共服务结构改善和区域资源整合。按照公共服务结构发展的要求，遵循产业发展的规律，发挥专业集群的集聚、集约、优化和整合的效应，有利于产业集群的发展、公共服务结构的改善和区域资源的整合。

五、统筹发展与布局调整

面对高等院校转型发展过程中教育与区域经济发展存在的非线性问题，专业集群的建设和发展需从综合统筹角度开展顶层设计。高等院校的转型发展需从统筹专业的基本建设和内涵建设出发，围绕产业集群发展趋势，统筹教育资源的投入和产出，通过加强专业集群内部布局结构的调整，逐步形成有鲜明文化特征的专业集群。借助合理的平台对接，化专业集聚发展为自主行为，增强高等院校转型发展过程中对区域经济发展的有效性、灵活性和针对性，实现为经济社会全面发展提供技能型和技术应用型人才的目标。

六、集约化发展效益

产业集群通过集约化发展实现资源利用最大化、配置最优化、效益最大化，其竞争优势表现为对资源的整合能力。由于产业集群和产业链延伸具有相近性，专业集聚有助于将资金市场、教育资源市场、生源市场、就业市场等区域教育资源和教育要素进行有效整合，实现区域教育资源的优化配置。

第三节　地方本科院校转型发展与区域经济产业内在联系分析

专业集群与地方本科院校转型发展的关系揭示了高等院校教育与产业发展的内在联系。建立与办学规模、专业结构、专业方向和专业体系相匹配的专业集群是高等院校转型发展的战略需要。研究新建地方普通本科院校转型发展中专业管理体制、配置和优化机制需要对专业集群建设模式的深入理解。

一、专业集群建设的层次模式

从专业集群的层次看，地方高校专业集群包括：一是院系基于共同学科基础和产业需求导向的专业群；二是学校基于学科生态结构优化、服务产业定位和办学基础条件的学科群；三是地方政府（或者院校共同体）基于地方发展战略和高教资源配置优化的专业集群。第一个层次的专业集群是高校二级院系自主发展或者历史形成的结果，是基于共同学科基础的专业集群，更接近于专业群的范畴。第二个层次的专业集群是高校在产业服务的人才培养和发展方向定位基础上以产业链和岗位群为构建依据的专业集群，这通常要打破学科专业的限制，其中包含不少交叉学科和复合型专业的建设与发展，在人才培养主体上体现为多主体联合协同培养。前两个层次的专业集群是高等院校主导的专业集群。第三个层次的专业集群则是政府、高校、社会互动的过程和状态，政府在遵循市场需求原则的基础上为更好统筹本区域内高等教育发展与地方经济社会发展的良性互动而打造的专业集群。事实上，在德国等现代职业教育体系比较完善的国家，政府在应用科技大学的发展进程中发挥了重要的支持作用。

二、专业集群建设的动力模式

从专业集群的范畴看，专业集群是一个被动与主动、外推与内驱、隐性与显性、竞争与协同、适应与引领相结合的静态集合组织和动态调整过程。一方面，产业集群发展导致高校学科专业结构调整，高校隐性、渐进、被动地适应产业发展需求，从而逐步形成高校专业集群的静态集合组织。另一方面，高校主动适应甚至引领地方产业集群发展，始终将专业集群的动态调整和结构优化作为学校自身生存和贡献社会的价值追求，将专业集群建设作为推动学校转型发展的重要抓手，同时积极以开放的心态和合作的精神形成区域内、产业间、院校间的专业集群，此种状态即为主动、内驱、显性、协同、引领式的动态专业集群过程。

从专业集群发展的内外动力模式看，地方普通本科院校转型发展中的专业集群建设需要处理好自身主动转型发展、院校联合错位发展、政府引导推动发展之间的关系。专业集群对接产业集群，实现应用型高校与行业企业的产教深度融合，离不开政府的引导。首先，政府要制定鼓励行业、企业和科研机构参与办学的政策，建设校企合作公共服务平台，支持高校和科研机构实行合作、联合和合并重组。其次，高等教育行政管理部门要按照现代职业教育体系和高等学校分类管理的要求，改革高等学校设置制度，将应用技术型高校明确为本科高等教育的新类型和发展重点。再次，建立应用技术型高等教育评估体系。从其产业和专业结合程度、实验实习实训水平、“双师型”教师比例和质量、校企合作深度等方面考察应用技术型高校，注重发挥行业、用人单位在评估体系中的作用，支持第三方机构开展质量评价与认证。建立校企合作机制、搭建实践教学平台均需要政府在财政上的支持，尤其在初期，适当的财政支持有助于提高行业协会和企业参与的热情。政府要将校企合作项目列为重点支持对象，支持企业在高校建立技术转移和创新中心，对企业在高校设立的技术创新和培训基地、捐赠的实验设备依照国家教育捐赠的优惠政策予以税收优惠。地方政府要有专项资金扶持一批高校与重点行业、企业共同建设的技术转移和创新中心、技术研发和服务企业。在产教融合、校企合作形成良性循环互动机制后，财政支持可以逐渐退出。

三、专业集群建设的路径模式

地方普通本科院校转型发展需要实现学校与地方产业发展的有效对接，形成紧密对接区域经济社会发展的专业集群体系，走内涵式转型发展之路；通过专业集群建设实现学校集约化转型发展，学校专业集群性、专业方向选择灵活性和学生就业适应性大幅提升；提炼学校各个专业的共同精神内核，构建基于产业链环、相容互促的专业建设机制，实现学校各种类型专业的协同发展。从高校专业集群建设的路径模式看，专业集群建设内涵体现在集中服务面向、集群专业体系、集成专业链环和集萃专业内核等四个重要方面。2012 年在原重庆教育学院基础上改制建设的重庆第二师范学院从揭牌伊始就主动适应我国经济结构战略性调整和重庆经济社会发展需求，着手探索“一点、两线、三转变”的转型发展之路。“一点”，即将服务面向的焦点主要聚集于面向现代服务业。“两线”即在实现路径上以专业集群对接产业集群为建设主线，以校企合作、产教融合作为发展主线。“三转变”即致力于在体制转轨基础上进一步实现办学思想上从成人教育向全日制教育转变；在培养主体上从高职专科向普通本科转变；在培养目标上从传统知识传授型向技术技能应用型转变。学校审时度势，以主动对接重庆产业集群发展构建专业集群，重构应用能力本位的课程体系，努力探索应用技型高等院校发展之路。

（一）集中服务面向

新建地方普通本科院校转型发展要求实现集约发展。为此，地方普通本科院校要紧紧围绕经济结构战略性调整和地方经济社会发展需求，根据集约化、生态性、内涵式转型发展的根本要求，适度集中服务面向，将学校建成一所集中面向当地某一主要产业培养高层次应用型人才的新型普通本科院校，增强学校专业建设与地方经济社会发展的对接紧密度。

（二）集群专业体系

新建地方普通本科院校转型发展要求走专业对接产业、产教深度融合之路。江苏省正致力于打造长江中上游地区金融、商贸物流、科教文化信息“三大中心”，对教育服务、商贸服务、创意服务、信息服务和健康服务领域的高层次应用型人才在规模、结构、质量上都提出了新要求。

为更好地服务江苏现代服务业发展，学校根据已有办学条件和发展面向定位，着力打造教育服务、商贸服务、创意服务、信息服务和健康服务五大专业集群，通过专业集群建设和专业方向复合交叉带动学校转型发展。一是变革专业设置和建设的体制机制。改变现有按照学科专业构建的系院结构，在五大专业集群基础上根据现代服务业价值链调整专业建设和管理机构。二是探索专业动态化设置、建设和管理新模式。根据现代服务业产业链的纵向延伸灵活设置方向，根据现代服务业产业要素变化自主设置新专业，以现代服务业产业链环为基础横向设置复合型专业。三是从专业建设上探索专业与职业衔接互促机制，实现学生与学徒、职员与学员在专业依托上的无缝对接。

（三）集成专业链环

地方普通本科院校从服务学生发展和服务地方发展出发，针对“生源构成的多样化”“满足地方经济建议、社会发展和文化繁荣的需要”两个问题，构建多样化人才培养模式。在国家级、省级卓越计划试点专业，教育部综合改革专业、省级品牌专业、省级重点专业（类）培养卓越应用型人才，在“专转本”，对口单招，中高职与普通本科“3+4”“3+2”分段培养试点专业培养高素质技能型人才；通过各专业融合交叉，培养具有“技术+管理”“工程+艺术”等特征的复合应用型人才。

（四）集萃专业内核

地方普通本科院校的专业集群要集萃各个专业的精神内核。学校积极探索工科类专业和非工科类专业协同互促的专业建设模式。一是从专业建设层面探索将工程类专业的科学精神、人文精神和工程伦理的精神内核融入所有专业的职业精神培养中，培养具有高文化品位、高技术含量、高增值服务、高智力密集、高服务质量的现代服务业的高层次应用型人才。二是探索非工科专业对工科类教师培养内涵创新专业融合的支持路径。三是探索工科类院校的教师培养与非工科专业的营销师、会计师、设计师等高层次现代服务业人才的专业建设相融互促模式。

第四节 地方本科院校以专业集群推动转型发展的路径

地方普通本科院校以专业集群建设为抓手推动转型发展要确立根植地方与服务产业的转型定位、集群发展与交叉复合的专业建设路径、岗位需求与能力导向的课程开发模式、教研联动与两端并进的师资队伍建设、工学交替与动态发展的人才培养体系、多方联动与互惠协同的治理架构等理念。

一、转型定位：根植地方与服务产业

地方普通本科院校转型发展必须确定根植地方、服务产业发展的基本价值基础，并据此确定学校人才培养、科学研究和社会服务主要面向的主导产业、核心产业和先导产业。在此过程中，地方普通本科院校要着力突破思维观念的束缚、资源瓶颈的约束和传统路径的依赖，要对学校的顶层设计进行战略性甚至颠覆性的调整和变革，具有看准切一刀的决断力、抵抗瞬时阵痛的咬合力和忍受一定时期煎熬的耐受力。

二、专业建设：集群发展与交叉复合

地方普通本科院校转型发展的方向是建成培养高层次技术技能人才的应用技术大学。

适应产业发展需求是此类院校发展的根本动力，为此要按照产业集群发展对高素质技术技能人才的岗位需求构建专业集群。

一是从学校与企业、学校、政府之间的关系层面看，学校专业设置和建设要体现产业集群的需求、实现与其他高校的错位发展和响应政府的产业发展指引。

二是学校内部各院系间、各学科专业之间要着力突出专业之间的相互关联、复合交叉和结构优化。

三、课程开发：岗位需求与能力导向

根据对接产业集群的专业群与岗位群有机衔接的人才培养目标，结合学校确定的主要服务产业对人才的需求，建立以应用为宗旨、职业能力为本位、职业实践为主线的专业核心课程体系和模块化、流程化、项目化的职业实践课程体系。应用真实案例和任务驱动的方法开展教学和人才培养。

四、教师队伍：教研联动与两端并进

地方普通本科院校转型发展的关键是教师队伍的转型发展。从传播知识、应用知识和创新知识三个层次来看，新建普通地方本科院校的教师业

务水平和实践能力大多处于传播知识层次。高层次技术技能人才的培养一方面要求高校教师具有较强的职业实践能力，这就需要高校教师沉到企业和行业中，着力增强实践能力。另一方面又需要教师加强应用性科学研究，能够为企业和其他合作单位解决实际问题，以实现互动互促、互惠双赢。第三，专业集群中多学科交叉复合对教师在更宽和更深领域的教学与教研提出了新要求。因此，转型发展和专业集群建设都需要教师实现教研联动和两端并进。现实可行的选择是，大部分存量教师向下沉、少部分向上提，对于新进教师则主要考虑高端引进，以提升研发和追踪前沿的能力。

五、人才培养：工学交替与动态发展

地方普通本科院校转型发展、专业集群建设体现在高层次技术技能人才培养方面主要有两大优势，一是基于岗位能力、任务驱动和真实案例的理论学习与职业实践，通过“干中学”实现工学交替，突出学生应用能力和创新精神培养。校企合作、产教融合，“大学越来越像企业、企业越来越像大学”。二是专业集群与产业集群对接互动，一方面有利于增强学生的就业适应性，另一方面专业集群内部的复合交叉，有助于学生动态选择和自由发展。

六、治理结构：多方联动与互惠协同

普通本科院校转型发展和专业集群必须推进学校治理现代化。一是在思想基础上要从公办高校的委托代理选择偏好向利益相关者决策机制转变；二是在治理结构上要将产教融合、校企合作作为学校章程的重要内容；三是构建全员参与、全程监控、全面改进的质量监控与评价体系；四是构建应用技术本科与中高职有机衔接、中高职毕业生和在职技术技能人才通道畅通的人才培养立交桥；五是形成校企、校政、校际、校会多方联动、互惠协同的格局。

第五节　区域性应用型本科院校专业集群建设案例

作为河南省第一批转型发展试点高校，洛阳理工学院抢抓机遇、先行先试，在学校办学定位、学科专业建设、应用型人才培养模式、“双师型”教师队伍建设、校企合作协同创新等方面进行了积极的实践探索，显著提升了服务行业、服务地方经济发展的能力水平，逐步形成了具有自身特色的应用型办学模式。2015 年 3 月，学院转型发展的实践成果被教育部评估中心遴选为新建本科院校“地方性、应用型”新型发展优秀实践案例。

2015 年 4 月，洛阳理工学院正式签约首批“教育部—中兴通讯 ICT 产教融合创新基地项目”，由此，开始了应用型人才培养的新探索。传承行业和地域优势，抢抓转型发展试点机遇。“两性一型”的办学定位是：“两性”就是坚持学院服务面向的行业性和地方性，“一型”就是建设办学特色鲜明的应用型普通本科院校。通过实施“两步走”发展战略，洛阳理工学院逐步实现了“三个转变”，明确了“培养社会责任感强、基础理论扎实、具有较强创新精神和实践能力的高层次应用技术型人才”的办学培养目标，加快了特色鲜明的应用型普通本科院校建设步伐。2013 年，洛阳理工学院被确定为河南省第一批转型发展试点高校。以学科专业集群对接产业集群，推动学院转型发展的洛阳理工学院依据“两步走”发展战略，以建材行业和区域经济社会需求为导向，以学科专业集群对接产业集群，分类建设了五大学科专业集群，形成了以工学为主、多科发展的专业布局。一是以无机非金属材料工程为支撑，建设“建筑材料专业集群”，紧跟水泥、玻璃、陶瓷、耐火材料等建材生产的新技术、新工艺、新设备，为建材企业转型升级提供人才支撑和服务。二是以机械设计制造类专业为主，建设“先进装备制造学科专业集群”，培养机械制造、汽车行业及相关领域的高层次工程技术应用型人才，为洛阳机械装备制造行业技术水平提升培养应用型人才。三是以自动化和计算机类专业为主，建设“电子信息技术学科专业集群”，培养电子信息、自动控制、通信技术行业及相关领域的高层次工程技术应用型人才，为“智慧洛阳”及洛阳电子信息行业服务。四是以经济与管理类专业为主，建设“区域经济学科专业集群”，为省市政府、企事业单位开展技术服务和技术咨询活动，为中原经济区建设、洛阳区域经济社会发展培养从事管理经营和服务的应用型人才。五是以汉语言文学和艺术设计专业为主，依托洛阳历史文化和河洛文化底蕴，建设“文化创意学科专业集群”，培养艺术设计、文化创意等服务洛阳文化产业发展的应用型人才。目前，洛阳理工学院五大学科专业集群与行业及地方企业事业单位在资源共享、合作开发、人才培养等方面的合作都取得了显著效果。建筑材料、电子信息技术和文化创意产业学科专业集群，被确定为河南省普通本科院校转型发展试点项目。深入开展政产学研合作，逐步增强服务建材行业和地方经济社会发展的能力。

学院发起组建了河南省装饰行业职业教育校企合作指导委员会、洛阳市光伏产业联盟、洛阳市文化创意产业联盟，通过派出科技特派员指导企业科技工作，面向企业征集技术需求，把企业技术需求作为真实教学案例和科研课题，以及与企业共同开展科技创新项目研究等，解决企业的技术难题，实现了科技成果的就地转化，服务区域经济的能力水平逐步增强。

洛阳理工学院依托“教育部—中兴通讯 ICT 产教融合创新基地项目”，发挥河南省普通本科院校转型发展试点项目，电子信息学科专业群的试点带动作用，在计算机科学与技术、物联网工程、通信工程、电子科学与技术、电气工程及其自动化、自动化等6个专业，开展产教融合人才培养模式的创新实践。构建了“双体系 + 双主体 + 双课堂”的专业人才培养模式，即人才培养由校企双方合作制订培养方案，企业委派工程师到学校现场实施专业核心课程教学、开放培训资源培养学院师资的技术能力和工程授课能力。按照与校方拟定的职业素质教育方案，全程承担职业素质教育过程，企业完成全部学生的实习与就业推荐。学生前两年在校内学习专业基础课程，后两年学习与中兴通讯合作共建的课程，其中第三年在校内学习中兴通讯的专业课程，第四年进入中兴推荐的专业岗位进行专业实训、项目实训和企业实习。

下一步转型发展的目标任务是：用3 ～5 年时间，显著提升综合办学实力、服务行业与地方经济社会发展能力、毕业生就业竞争力，努力把学院建设成为特色鲜明的应用型技术大学。

参考文献

［1］蔡宁，吴结兵：《产业集群与区域经济发展——基于“资源—结构”观的分析》，科学出版社，2007 年。

［2］高红梅：《专业集群建设：提升区域职业教育质量的思路创新——以辽宁为例》，《中国成人教育》，2010 年第 11 期。

［3］［美］迈克尔·波特：《国家竞争优势》，华夏出版社，2002 年。

［4］宋玉军：《“扩招—就业陷阱”：地方普通高校发展的制约机制》，《高等化工研究》，2007 年第 2 期。

［5］陈星：《高校发展战略规划之美国案例》，http：//www. tech. net. cn/web/articleview. aspx.

［6］张树广：《关于制定高校战略规划的思考》，《高等教育研究》，2006 年第 2 期。

［7］王洪才：《中国该如何发展应用技术大学》，《高校教育管理》，2014 年第 6 期。

［8］孙泽文：《地方本科院校向应用技术大学转型研究》，《教育与职业》，2015 年第 15 期。

［9］杨刚要：《基于地方本科高校转型发展的创新创业教育生态体系构建》，《科技创业月刊》，2016 年第 10 期。

［10］杨刚要：《瑞士应用科技大学办学特色及对地方高校转型发展的启示》，《黄河科技大学学报》，2014 年第 5 期。

［11］陆正林：《新建本科院校转型发展的阶段性》，《常熟理工学院学报》，2012 年第 12 期。

［12］顾永安：《新建本科院校转型发展论》，中国社会科学出版社，2012 年。

［13］闫德明：《学校品牌的涵义、特性及其创建思路》，《教育研究》，

2006 年第 8 期。

［14］刘振天：《地方高校转型发展要克服恐惧症》，《光明日报》，2014 年 4 月 8 日。

［15］介晓磊：《立足服务地方，加速转型发展，大力推进应用技术大学建设》，《河南教育（高校版）》，2014 年第 3 期。

［16］应用技术大学（学院）联盟地方高校转型发展研究中心：《地方本科院校转型发展实践与政策研究报告》，2013 年。

［17］刘胜，曾良，等：《转型发展创新路　特色引领铸品牌：内江师范学院创建地方特色大学发展纪实》，《中国教育报》，2014 年 11 月 10 日。

［18］李军龙，滕剑仑：《新建地方本科院校向应用技术大学转型研究》，《洛阳师范学院学报》，2014 年第 10 期。

［19］孟现志：《新建本科院校转型发展的若干思考》，《商丘师范学院学报》，2014 年第 7 期。

［20］徐明成，安静：《基于产学合作的协同育人机制构建》，《赤峰学院学报》，2015 年第 2 期。

［21］杨晨光：《教育部与江苏省共建国家高等教育综合改革试验区》，《中国教育报》，2011 年 8 月 31 日。

［22］徐理勤：《现状与发展——中德应用型本科人才培养的比较研究》，浙江大学出版社，2008 年。

［23］陆岳新，孙俊华，洪港：《基于高校特色发展的江苏高校分类体系研究》，《阅江学刊》，2015 年第 2 期。

［24］江苏省教育厅：《2014 年江苏普通高校本科教学质量年度报告》，http：//www. ec. js. edu. cn/col/col14161/index. html.

［25］梁丽菁：《江苏普通高校本科专业设置及优化问题研究》，《扬州大学学报（高教研究版）》，2015 年第 5 期。

［26］沈健：《江苏应用型本科院校人才培养的若干思考》，《江苏高教》，2014 年第 4 期。

［27］《江苏省国民经济和社会发展第十三个五年规划纲要》，《新华日报》，2016 年 3 月 31 日。

［28］江苏省统计局：《江苏经济结构呈现“三二一”新格局》，http：//www. jssb. gov. cn/tjxxgk/tjfx/tjxx/201602/t20160202_ 276938. html.

［29］江苏省教育厅：《贯彻落实十三五教育发展规划》，http：//www. ec. js. edu. cn/art/2016/11/25/art_ 14542_ 201349. html.

［30］宁志成：《江苏高等教育综合改革取得显著成效》，http：//www.jsenews.com/news/tt/201512/t2563794.shtml.

［31］王建华：《江苏高校优势学科建设工程一期立项项目统计分析》，《高等理科教育》，2012 年第 4 期。

［32］彭怀祖：《江苏高校优势学科建设工程的成效分析》，《南通大学学报（社会科学版）》，2015 年第 2 期。

［33］沈健：《持续提升江苏高等教育综合改革水平》，《江苏高教》，2016 年第 1 期。

［34］刘立新：《德国职业教育产教融合的经验及对我国的启示》，《中国职业技术教育》，2015 年第 30 期。

［35］邢赛鹏，陶梅生：《应用技术型本科高校师资队伍体系构建研究——基于“产教融合和校企合作”的视角》，《职教论坛》，2014 年第 29 期。

［36］顾永安：《新建本科院校转型发展论》，中国社会科学出版社，2012 年。

［37］陈孝彬：《教育管理学》，北京师范大学出版社，2008 年。

［38］潘懋元：《中国高等教育面临的挑战》，广西师范大学出版社，2002 年。

［39］谢安邦：《中国高等教育研究新进展》，华东师范大学出版社，2006 年。

［40］贺祖斌：《区域高等教育发展论》，广西人民出版社，2011 年。

［41］［美］约翰·布鲁贝克：《高等教育哲学》，王承绪译，浙江教育出版社，2001 年。

［42］［美］克拉克·科尔：《高等教育不能回避历史——21 世纪的问题》，王承绪，等译，浙江教育出版社，2001 年。

［43］张彤：《中国高等教育改革与可持续发展》，厦门大学出版社，2003 年。

［44］纪宝成：《中国大学学科专业设置研究》，中国人民大学出版社，2006 年。

［45］彭旭：《新建本科院校专业设置与调整研究》，光明日报出版社，2012 年。

［46］梅友松，黄红英：《地方高校转型发展研究》，光明日报出版社，2015 年。

[47] 钱国英，徐立清：《高等教育转型与应用型本科人才培养》，浙江大学出版社，2007 年。

[48] 姚锡远：《新建本科院校战略研究》，河南科学技术出版社，2008 年。

[49] 夏建国，杨若凡：《新建本科院校教育评估指标研究》，高等教育出版社，2014 年。

[50] 冯成志：《高校本科专业设置优化研究》，广东高等教育出版社，2015 年。

[51] 陈小红，马凤岐，王伟廉：《中国高等学校课程和教学的建设与改革研究》，广东高等教育出版社，2012 年。

[52] [美] 弗莱克斯纳：《现代大学论——英美德大学研究》，浙江教育出版社，2006 年。

[53] 赵曙明：《美国高等教育管理研究》，湖北教育出版社，1992 年。

[54] 柳友荣：《我国新建应用型本科院校发展研究》，南京大学博士学位论文，2011 年。

[55] 赵宏：《新建本科院校的专业设置研究——基于 S 学院的调查与思考》，华东师范大学硕士学位论文，2008 年。

[56] 杨喆：《新建本科院校专业建设研究》，中南民族大学硕士学位论文，2008 年。

[57] 包镕：《地方本科院校专业设置及优化问题研究——以 A 高校为例》，华东师范大学硕士学位论文，2007 年。

[58] 王慧：《广西北部湾经济区九大重点产业紧缺专业建设研究》，广西大学硕士学位论文，2011 年。

[59] 李东航：《广西区域高等教育与区域经济发展的适应性研究》，广西师范大学硕士学位论文，2006 年。

[60] 谢明明：《广西高校专业设置与北部湾产业集群发展的适应性研究》，广西师范学院硕士学位论文，2013 年。

[61] 廖容：《广西新建本科院校学科专业建设研究》，广西师范大学硕士学位论文，2010 年。

[62] 程传奇：《广西新建本科院校改革发展研究》，广西大学硕士学位论文，2012 年。

[63] 段冠玮：《高校专业建设管理模式研究》，武汉理工大学硕士学位论文，2012 年。

[64] 孙翔:《转型时期广西高师院校发展战略研究》，广西师范学院硕士学位论文，2011 年。

[65] 宁婵:《广西高师院校专业结构调整与优化研究》，广西师范学院硕士学位论文，2012 年。

[66] 余圆圆:《高师院校专业结构调整问题研究》，安徽师范大学硕士学位论文，2010 年。

[67] 任志乾:《广西高职高专院校专业设置研究》，广西师范大学硕士学位论文，2013 年。

[68] 陈江波:《高等学校“学科—专业”一体化建设的研究》，广西大学硕士学位论文，2007 年。

[69] 刘凯:《新建地方本科院校向应用技术类高校转型的路径研究》，兰州大学硕士学位论文，2015 年。

[70] 胡炜佳:《应用型本科院校专业建设的问题研究——基于安徽“行知联盟”高校的思考》，安徽师范大学硕士学位论文，2011 年。

[71] 李云霞:《关于我国高校专业设置的思考与建议》，华东师范大学硕士学位论文，2005 年。

[72] 杨二辉:《我国高等学校专业设置与调整机制研究》，浙江师范大学硕士学位论文，2006 年。

[73] 苗湘鸥:《我国普通高校本科专业调整改革中的问题与对策研究》，渤海大学硕士学位论文，2014 年。

[74] 胡蕾蕾:《德国应用科技型大学的制度研究》，南京理工大学硕士学位论文，2010 年。

[75] 彭旭:《试析新建本科院校的专业设置模式问题》，《教育研究》，2011 年第 5 期。

[76] 金凌虹:《新建地方性高校专业结构调整现状及发展策略分析——以台州学院为例》，《台州学院学报》，2006 年第 2 期。

[77] 徐俏琳，吕立汉:《新建地方本科院校专业建设探索与思考》，《黑龙江高教研究》，2013 年第 11 期。

[78] 梁梅，於鸿:《新建本科院校专业集群建设的思考与探索》，《高教论坛》，2017 年第 1 期。

[79] 马正兵，等:《新建地方本科院校转型发展中的专业集群建设模式研究》，《重庆第二师范学院学报》，2015 年第 1 期。

[80] 徐世浩:《经济转型背景下高校专业建设与区域经济发展衔接策

略研究》，《教育探索》，2010 年第 3 期。

[81] 郑锋，王章忠：《新建本科院校专业建设的检视与思考》，《教育探索》，2011 年第 9 期。

[82] 王凤侠：《新建本科院校专业建设的 SWOT 分析与对策》，《教育与职业》，2014 年第 26 期。

[83] 郭军，汤道湘：《关于地方新建本科院校专业建设的思考》，《高教发展与评估》，2008 年第 9 期。

[84] 葛春风：《新建应用型本科院校的专业群建设探索》，《天津职业大学学报（高等职业教育）》，2013 年第 4 期。

[85] 程印学：《新建本科院校学科建设的策略取向》，《教育研究》，2009 年第 12 期。

[86] 张应强：《从政府与大学的关系看地方本科高校转型发展》，《江苏高教》，2014 年第 6 期。

[87] 张应强，蒋华林：《关于地方本科高校转型发展若干问题的思考》，《现代大学教育》，2014 年第 6 期。

[88] 潘懋元，吴玫：《高等学校分类与定位问题》，《复旦教育论坛》，2003 年第 3 期。

[89] 潘懋元：《新建本科院校的办学定位与特色发展》，《荆门职业技术学院学报》，2007 年第 7 期。

[90] 陈家玉，王晓萍，李晓明：《地方新建本科院校专业建设有关问题探讨》，《湘南学院学报》，2007 年第 2 期。

[91] 潘懋元，车如山：《略论应用型本科院校的定位》，《高等教育研究》，2009 年第 5 期。

[92] 顾永安：《校地互动：地方高校科学发展的新思路》，《高等教育研究》，2011 年第 2 期。

[93] 顾永安：《新建本科院校办学定位的特性探析与启示——基于江苏省新建本科院校的调查研究》，《中国高教研究》，2009 年第 8 期。

[94] 梁梅，潘威：《转型背景下新建本科院校师资队伍建设的路径选择》，《高教论坛》，2016 年第 11 期。

[95] 刘在洲：《地方本科院校转型发展的背景与思路》，《中国高等教育》，2014 年第 20 期。

[96] 曲殿彬，赵玉石：《地方本科高校转型发展的问题与应对》，《中国高等教育》，2014 年第 12 期。

[97] 胡建华：《论近年来的我国高等教育转型》，《南京师大学报（社会科学版）》，2008 年第 6 期。

[98] 张铁牛，田水泉：《新建本科院校专业建设现状调查》，《理工高教研究》，2007 年第 6 期。

[99] 潘懋元，董立平：《关于高等学校分类、定位、特色发展的探讨》，《教育研究》，2009 年第 2 期。

[100] 於鸿：《广西高等教育布局结构存在的问题及其优化策略》，《广西科技师范学院学报》，2016 年第 2 期。

[101] 曾冬梅，黄国勋：《人才培养模式改革的动因、层次与涵义》，《高等工程教育研究》，2003 年第 1 期。

[102] 唐智彬，石伟平：《比较视野中的职业教育校企合作》，《职教论坛》，2012 年第 19 期。

[103] 李国仓：《地方本科高校转型热潮下的冷思考》，《高校教育管理》，2016 年第 4 期。

[104] 王维坤，温涛：《应用技术大学：新建本科院校转型发展的现状、动因与路径》，《现代教育管理》，2014 年第 7 期。

[105] 潘冬南：《新建本科院校旅游管理专业产学研合作教育模式研究——以广西民族师范学院为例》，《大学教育》，2012 年第 11 期。

[106] 况红：《校企合作是新建地方本科院校办学的必由之路》，《重庆第二师范学院学报》，2014 年第 5 期。

[107] 王学成：《地方高校专业建设与区域发展契合度分析——以陕西省为例》，《陕西理工学院学报（社会科学版）》，2012 年第 4 期。

[108] 刘庆涛，周安忠：《转型期新建本科院校专业建设路径选择研究》，《德州学院学报》，2015 年第 4 期。

[109] 王洪才：《新建本科院校：转型发展还是跨越发展》，《黑龙江高教研究》，2013 年第 3 期。

[110] 陈新明：《新建本科院校转型研究》，《教育发展研究》，2009 年第 1 期。

[111] 徐亚萍，李志平：《新建本科院校专业与学科建设的基本策略》，《教育探索》，2009 年第 6 期。

[112] 赵福春，刘俊贤：《新建本科院校学科专业建设的路径与措施研究》，《中小企业管理与科技》，2015 年第 7 期。

[113] 胡景乾，屈咏梅：《新建本科院校学科专业建设的路径选择》，

《陕西教育（高教）》，2011 年第 7 期。

［114］肖建乐，孙德华：《关于中国高等教育人才培养模式的若干思考》，《福建论坛》，2009 年第 10 期。

［115］朱中华：《论新建本科院校的专业建设》，《教育评论》，2005 年第 4 期。

［116］冯皓：《高校专业设置、人才培养与市场需求间的错位研究》，《中国大学教学》，2009 年第 2 期。

［117］杜才平：《地方本科院校专业设置：现状、问题及结构调整策略》，《黑龙江高教研究》，2011 年第 8 期。

［118］孙朝阳：《转型发展背景下新建地方本科高校学科建设路径选择和个案分析》，《教育评论》，2015 年第 6 期。

［119］胡春春，等：《德国高等学校学位制度及学科专业设置——传统、现状和启示》，《同济大学学报（社会科学版）》，2007 年第 2 期。